99타여 100타를 가르치라

골프를 가르치는 골퍼를 위한
골프 레슨 지침서

99타여 100타를 가르치라

김헌 지음

라온
라이프

    사단법인 행복골프튜터협회를 만들었습니다. 이 협회는 골프를 처음 시작한 초보 골퍼, 아마추어 골퍼 전담 선생 배출을 목적으로 설립된 사단법인입니다. 기존의 대한민국 골프 레슨 시스템이 초보와 아마추어를 행복한 골프의 세계로 잘 안내하고 있다면 군이 행복골프튜터협회를 만들 필요는 없었겠지요. 작금의 골프 레슨 산업은 골프를 배우고 싶은, 시작하고 싶은 사람은 느는 반면, 초보 골퍼 육성 교육의 부재로 제대로 초보를 가르칠 수 있는 교육자가 부족해서 수급 불균형 상태가 계속되고 있습니다. 이제 막 골프를 시작한 사람, 그립도 셋업도 어떻게 해야 하는지 모르는 왕초보부터 110타 정도의 스코어를 내는 초보는 초보 맞춤 교육이 필요합니다. 110타를 넘어 100타로 접근해가는 아마추어들에게는 그 수준에 맞는 설명과 연습법을 제안하는 교육도, 그 위의 레벨을 가르칠 교수급 교육도 당연히 필요합니다. 하지만 대한민국 골프 교육 시장에는 교수급 교육자는 많은데 초보들에게 맞춤 교육을 할 수 있는 초보 전담 교육자는 거의 없습니다.

우리나라에서 프로를 선발하는 과정은 철저히 스코어를 기준으로 합니다. 우리도 무의식중에 골프를 잘 치는 사람이 잘 가르친다고 전제하고 있죠. 그러나 골프를 잘 친다는 것은 잘 가르치기 위한 필요조건이지 충분조건일 수 없습니다. 잘 가르치기 위해서는 나름의 교육적 소질과 소양도 있어야 하고 '무엇을 어떻게 가르칠 것인가?'에 대한 심도 있는 교육을 받아야 합니다. 유아교육을 위해서 2년의 교육 과정을 거치고 초중고 교사는 4년을 배우고 시험을 봅니다. 골프 교육자 양성을 그렇게까지 할 수는 없더라도, 불과 몇 시간에서 며칠 정도의 교육으로는 '잘 치는 사람'이 '잘 가르치는 사람'으로 바뀔 리 없습니다. 하지만 대한민국에서 골프 라이선스를 발급하는 모든 기관이 그렇게 하고 있습니다. 라이선스 발급 후에는 추가 보충교육이나 사후관리도 없습니다.

운동을 가르친다는 것은 몸의 무의식적인 동작을 만들어야 하기에 말로 한 번 이야기했다고 끝나는 것이 아니라 무수히 반복해야 하는 일입니다. 줄넘기의 원리를 이해했다고 줄넘기를 바로 잘하는 것은 아니잖아요. 성인을 대상으로 하는 교육이라서 많은 프로가 착각하고 있습니다. 이론적이고 사상적인 것이야 이해하면 되는 일이지만, 운동은 움직임이기에 이해하는 것과는 전혀 다른 일입니다. 그러니 운동을 가르칠 때, 특히 처음 운동을 시작하는 사람을 가르칠 때는 프로 비슷한 대단한 폼과 스윙에 대한 복잡한 설명이 아니라 골프라는 게임의 매력과 흥미를 느낄 수 있도록 돕고 자발적으로 연습할 수 있도록 격려하고 북돋아 주는 친절한 안내가 더 필요합니다. 이처럼 초보를 가르치는 선생은 인내, 돌봄 등의 골프 스킬 외적으로 필요한 부분이 있기에 지금의 프로 선발 과정은 역부족이라 할 수 있습니다.

급여 수준에서도 전혀 균형점을 찾고 있지 못합니다. 연습장은 크게 실외 연습장, 실내 연습장, 프로들의 개인 스튜디오 형태의 교습소로 나눌 수 있습니다. 초보자들은 대부분 실내 연습장에서 시작하지요. 사실 실내 연습장에서는 선생에게 월 400만 원 이상의 급여 지급이 현실적으로 어렵습니다. 그런데 KPGA, KLPGA 정회원이나 준회원 정도의 라이선스가 있는 프로들은 그렇게 벌어서는 평생을 벌어도 본인들이 라이선스를 따느라 들인 돈조차 벌 수가 없습니다. 한 달에 600~700만 원, 연봉 1억은 넘어야 입가에 웃음이 돌 겁니다. 또 이러한 프로가 초보를 가르치는 것은 대학교수급 실력으로 초등학생에게 산수를 가르치는 낭비로 보이기도 합니다. 그런데 세상에는 월 300~400만 원, 연봉 4천~5천만 원 정도를 벌며 행복하게 골프를 가르칠 수 있는 사람, 가르치고 싶은 사람이 많습니다. 체대를 갓 졸업한 사람, 취미로 골프를 하고 있지만 세컨드 잡을 꿈꾸는 사람, 당장은 4천을 벌더라도 경험이 쌓이고 실력이 늘면 더 많이 벌 수 있다는 희망을 품고 자신의 골프를 더 연마하고자는 사람, 인생 이모작을 꿈꾸는 사람…. 골프 레슨 산업은 앞으로 고액의 고급 레슨은 프로가, 저렴한 초보 레슨은 초보 교육자가 운영하는 쪽으로 발전해야 합니다.

세상에는 선생이 있고 의사가 있습니다. 현 골프 교육 시장에는 선생은 없고 의사들만 있다고 이야기할 수 있습니다. 슬라이스든 훅이든 반복되는 병적 증세 치료는 프로들이 하는 전문적인 영역이지요. 원 포인트 레슨 같은 형태로 아픈 곳을 콕 집어 해결하는 거죠. 그런데 선생의 영역은 그게 아닙니다. 안내와 돌봄, 의욕의 고취, 욕망의 자극… 이런 것들이 선생의 역할이 아닐까요? 그래서 레슨 현장에 선생이 없다고 표현하는 겁니다.

그런데 사람들은 '내가 과연 레슨을 할 수 있을까?' 두려워합니다. 할 수 있습니다. 세상에 만연한 배움과 가르침을 한번 보세요. 조금 앞선 자가 뒤따라오는 자를 가르칩니다. 형이 동생을 가르치고, 동네 친구들이 서로를 가르칩니다. 공부도 그렇지만 운동은 더욱 그렇습니다. 축구, 농구, 당구, 탁구, 배드민턴 다 그렇게 배우고 즐깁니다. 배움과 가르침의 연쇄가 일어나는 겁니다. 진정한 배움은 가르침을 통해 이루어집니다. 가르치면서 배우고 배우면서 가르칩니다. 가르치는 사람이 가르치는 것이야 당연하지만 가르치면서 배운다는 것은 뭘까요? 누군가를 가르치려면 누구나 자신을 돌아보며 물음이 생기게 됩니다. 내가 되는 동작이 다른 사람도 될까? 남자인 나는 되는데 여자도 되는 걸까? 키가 큰 사람과 작은 사람 모두에게 적용되는 걸까? 물음과 되물음이 일어난다는 것은 개별적인 지식이 보편적인 지혜로 발전하는 과정입니다. 이것은 양심의 작용이기도 합니다. 뭔가를 잘못 알려주면 그 사람이 고생할 것을 너무도 잘 알기에 되도록 잘 가르치려는 착한 마음이 작동하는 겁니다. 당연히 될 것이라고 가르친 동작이 잘 안되는 사람들을 보면서 물음과 되물음은 거듭됩니다. 스스로 익혔던 과정을 되돌아보게 되고 자신이 알고 있던 것을 되새김하는 시간을 갖게 됩니다. 그 과정에서 가르침이 배움이 되고, 배움이 가르침이 되는 겁니다. 게다가 가르치는 사람은 자신이 가르친 대로 하려고 노력하겠죠? 느리고 부드러운 스윙을 가르쳐 놓고 자신은 급하게 스윙을 하고 있다면 부끄러워서라도 자신이 가르친 스윙의 길로 갑니다. 개인적인 경험으로도 그렇습니다. 레슨을 하면서 폼이 더 가다듬어졌고, 차분한 마음으로 평상심을 유지하면서 전략적으로 라운드하라고 가르쳤기 때문에 제자들과 라운드하게 되면 늘 선생 모드로 골프를 치게 됩니다. 저의 라이프 베스트 스코어 68타도 늘 제자들과의 라운드에서 나왔습니다. 결과적으로 제자들이 저를 가르친 셈이죠.

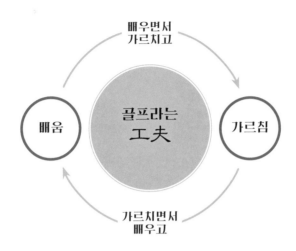

>>> **골프라는 공부**

'99타여 100타를 가르치라'라고 했지만 그게 어찌 가능하겠습니까? 하지만 저는 입문자를 제일 잘 가르칠 사람은 100타를 깬 지얼마 안 된 사람이라 생각합니다. 진심입니다. 골프를 잘 치는 것도 중요하지만 선생으로서 가장 중요한 자질은 공감 능력입니다. 저 동작이 안 되는 제자가 얼마나 괴로운가를 절절하게 느낄 수 있는 사람이 좋은 선생이 될 수 있습니다. '왜 저 쉬운 동작이 안 되지?'하면서 짜증이 먼저 나는 사람은 좋은 선생이 될 수 없습니다. 그렇게 보면 100타 깨기를 제일 잘 도울 사람은 90대 초반 스코어를 내는 사람일 것입니다. 앞서도 이야기했지만, 선생은 선생이지 의사가 아니잖아요. 선생이 손 쓸 수 없을 정도로 아프면 의사에게 보내면 됩니다. 의사의 역할을 못 한다고 선생 역할도 못 한다 생각할 필요 없습니다. 행복골프튜터협회는 100타를 깨면 '세미 튜터' 라이선스를 주고, 90타를 깨면 '튜터', 싱글을 치면 '마스터 튜터' 라이선스를 발급합니다. 세미 튜터가 왕초보를, 튜터는 초보와 아마추어를 가르치고, 마스터 튜터는 당연히 높은 레벨의 골퍼를 가르치며 의사 역할도 할 수 있어요.

물론 공감 능력만으로 선생을 할 수는 없습니다. 하지만 기억을 더듬어 보면 수학이나 영어 과외를 해서 용돈을 벌던 대학생이 혹은 대학 시절이 떠오를 것입니다. 전문가나 선생이 아닌데 어떻게 가능했을까요? 바로 교본이 있었기 때문입니다. 『수학의 정석』이나 『성문종합영어』 같은 탁월한 교본이 있었기에 소위 아마추어가 아마추어를 가르칠 수 있었던 거죠. 피아노도 마찬가지입니다. 바이엘, 체르니라는 교본이 있어서 피아노를 잘 치는 대학생이 초등학생들에게 피아노를 가르칠 수 있었던 겁니다. 교본을 가만히 보면, 친절하고 상세한 설명은 없습니다. 그냥 과제가 나열되어 있을 뿐이죠. 쉬운 것에서 어려운 것으로, 단순한 기술에서 복잡한 기술로… 과제의 나열 속에 학습이 설계된 것이죠. 앞의 문제를 풀면 뒤의 문제를 풀힘이 생기는 겁니다. 골프도 그렇습니다. 교본이 있으면 아마추어가 아마추어를 가르치는 것, 가능합니다. 물론 좋은 교본이라는 전제가 필요하지요.

그래서 『골프 교본』을 만들었습니다. 첫 책이 나오고 이번에 출판한 책이 두 번째 증보판입니다. 제대로 된 교본을 완성하려면 아직도 먼 길을 가야 해요. 세상의 그 어떤 교본이 저자 한 사람의 힘으로 만들어졌겠습니까? 그 책을 함께 사용한 수많은 선생과 그들이 가르친 제자들의 소중한 피드백 집대성이지요. 『골프 교본』도 더 많은 골퍼가 함께 공유한다면 세월이 흐를수록 완성도를 더해 갈 것이라고 믿어 의심치 않습니다. 『99타여 100타를 가르치라』는 『골프 교본』을 가지고 어떻게 골프 초보들을 도울 것인가에 대해 아주 구체적인 이야기를 나누는 골프 레슨 지침서입니다. 『골프 교본』이 제시하는 길을 보고, 길을 그렇게 설계해놓은 이유를 풍성하게 이해해야 합니다. 교본을 어떻게 잘 활용할 것인지도 이야기 나눠야 하고요.

골프를 바라보는 관점, 교육 행위를 바라보는 관점. 그게 바로 골프 철학이고 골프 교육 철학이죠. 『99타여 100타를 가르치라』는 제가 바라보는 골프와 교육에 대한 철학을 이야기하고, 나름의 방법을 제시하고 있습니다. 제가 20년간 현장에서 경험한 개인 레슨과 그룹 레슨, 선생으로서의 가르침과 의사로서 병증을 해석하고 해결책을 찾아온 전 과정을 정리한 책입니다. 한 손에 교본을, 다른 한 손

엔 골프 철학과 골프 문제 해결에 도움을 주는 책을 들고 있다면 당신도 레슨할 수 있습니다. 누구나 골프의 길을 가다 보면 감기도 걸리고 몸과 마음을 다치기도 합니다. 선생이란 기본적으로는 길을 안내하는 자이지만 때론 자상한 엄마 같은 역할이 요구되기도 합니다. 골퍼들이 미스 샷이라고 하는 병증에 시달릴 때 심한 병이야 의사가 고칠 일이지만 단순한 병증에는 나름의 조언도 필요합니다. 미스 샷에 대한 올바른 해석 능력을 갖추고 있다면 당신도 도움을 줄 수 있습니다. 해석할 수 있으면 해결이 되는 이치입니다.

당장 레슨을 하지 않더라도 이 책은 당신의 골프 성장에 자양분이 될 것이고, 이미 레슨을 하고 있는 프로들이라면 현재 자신의 레슨을 되돌아볼 좋은 기회가 될 것입니다. 저는 이 순간에도 양손에 책을 든 여러분들과 함께 만들어 갈 행복한 골프 생태계를 꿈꾸고 있습니다. 함께 갑시다.

2023년 1월
역삼동 행복골프훈련소에서
김헌

1부

골프 선생의
관점 정리

2부

**문제적
샷에 대한
해석과 해결**

골프 선생의 관점 정리

자신과 기록을 겨루는 운동, 골프. 행복하고 건강하게 즐기려면
마음가짐이 중요합니다. 초보 골퍼에게 좋은 '선생'이 되어주세요.

누구나 골프를 가르칠 수 있다고 하지만 누군가를 가르친다는 것이 결코 쉬운 일은 아닙니다. 무심코 던진 한마디가 누군가의 골프를 망칠 수도, 몸을 상하게 할 수도, 쉬이 갈 수 있는 길을 빙빙 돌아가게 할 수도 있으니까요. 골프 교육에 대한 구체적인 이야기를 나누기 전에 우선 골프를 가르치면서 몇 가지 유념해야 할 것들을 짚고 넘어가겠습니다. 이것은 늘 저 스스로 다짐하는 이야기이기도 합니다.

1장

가르치기 전에

누구를 가르칠 것인가

● 골프 레슨 시장에서 우리의 고객은 누구일까요? 모든 골퍼를 대상으로 레슨을 하겠다는 것은 소자본 음식점을 차리면서 전 세계 음식을 다 만들어 팔겠다는 이야기와 같습니다. 망하는 첩경이지요. 우리나라의 골프 인구가 500만 명입니다. '골프 해봤냐?' 혹은 '할 줄 아냐?'고 물으면 700만 명 정도가 그렇다고 이야기한답니다. 그중에 보기 플레이보다 더 잘하는 사람은 몇 명일까요? 엄청 많을 것 같지만, 실제 조사를 해보면 50만 명에 불과합니다. 95타보다 잘 치는 인구가 100만 명, 100타보다 잘 치는 사람이 많이 봐줘서 200만 명. 그리고 아직 온전히 100타를 깼다고 이야기할 수 없는 인구가 무려 300만 명 이상 있다는 겁니다.

그럼 우리는 누구를 타겟팅 해야 할까요? 바로 300만 명입니다. 모든 장사가 그러하듯 고객이 많은 곳, 니즈가 풍성한 시장에서 장사해야 하지 않겠습니까? 100타를 깨고 나면 사람들은 레슨을 잘 받지 않습니다. 레슨을 받고자 하는 욕구가 있어도 원 포인트 레슨을 몇 차례 받는 정도로 그치죠. 골프를 잘 치게 되면 레슨을 받는 횟수는 점점 더 줄어듭니다. 100타를 깨지 못한 300만 명 중에서도 완전 초보자와 도전, 포기를 반복하고 있는 '또 초보', 이렇게 하위 50%가 주 고객입니다. 그들이 주된 고객인 이유는 객관적으로도 많은 도움이 필요하지만, 지속적인 레슨과 안내에 대한 강한 니즈가 있기 때문입니다. 그래서 지속적인 고객, 단골이 될 가능성이 대단히 큰 거죠. 게다가 그들이 주된 고객이 되면 골프를 미처 시작하지 못한 골프 잠재 인구, 골프 대기 인구라는 새로운 시장과 연결됩니다. 완전 초보 한 명을 잘 안내하면 그들의 일상생활에서 맥을 같이하고 있는 생초보들을 끊임없이 끌어들일 수 있습니다.

그러면 주된 고객의 성별은 어떻게 될까요? 무조건 여자입니다. 남자들은 연습장을 다니고 레슨을 받는다는 것을 적들에게 알리지 않아요. 비밀로 하죠. 게다가 조금 공을 치게 되면 둥지를 떠나고 싶어 합니다. 하산해서 무림의 세계로 가고 싶어 하죠. 맞습니다. 그것이 수컷의 생리이고 우리는 그것을 존중해야 합니다. 남자는 빨리 가르쳐서 하산시키는 것이 맞습니다. 그러면 얼마 지나지 않아 상처

투성이가 되어서 다시 돌아오거든요. 또, 남자들에게는 소개나 전파를 기대할 수 없어요. 그러니 레슨 시장의 주된 고객은 당연히 여성입니다. 남자들은 조금 골프에 익숙해지면 골프를 가르치려 들기 때문에, 오히려 그 점을 이용하여 그들이 더 잘, 더 적극적으로 가르칠 수 있도록 교육해야 합니다.

연령대는 어떨까요? 지금은 아마 40대가 가장 많을 것입니다. 그렇지만 점점 더 젊어지고 있어요. 그리고 40대 여자들은 아이들에게 묶여 있는 경우가 많아서 30대 여성을 중심에 놓고 레슨 시장을 바라봐야 합니다. 요즘 30대는 미혼도 많고, 아이가 있다고 하더라도 육아 문제를 해결하고 직장을 다니는 30대도 많습니다. 그들이 주된 고객입니다. 음식점을 하면서 여중생을 위한 떡볶이를 주력 메뉴로 판다고 해서 다른 고객을 무시하는 것도 아니고 다른 음식을 팔지 않는 것도 아닙니다. 하지만 주된 고객을 명확히 하고 그들의 취향, 바람, 문화를 심도 있게 들여다보고 고민하는 것이 상업적으로 성공할 확률이 더 높다는 이야기지요. 35세 여성을 페르소나로 삼아서 열심히 레슨하다 보면 35세 여성처럼 살고 싶은 40대가 오고, 언니들처럼 세련되게 살고 싶은 20대가 오는 겁니다.

그리고 한 가지. 레슨 시장은 지역 마케팅입니다. 아무리 잘 가르쳐도 연습하지 않으면 실력이 늘지 않아요. 실력이 늘지 않으면 고정 고객이 될 수 없습니다. 고객이 레슨을 받고 연습을 하는 가장 큰 이유는 '실력을 늘리고자 하는 욕구'입니다. 그런데 연습 과정을 관리할 수 없으면 아무리 훌륭한 레슨도 무용지물입니다. 연습하는 공간과 레슨하는 공간은 같이 있어야 합니다. 그래서 저는 스튜디오 형태 교습 시스템의 성공 가능성이 희박하다고 봅니다. 혼자 알아서 열심히 연습하는 사람만이 고객이 될 수 있는 거거든요. 골프를 가르치는 선생님들도 가르치기만 한다고 될 일이 아니라 일상적인 연습을 관리해야 한다는 점을 절대 잊으면 안 됩니다. '내가 가르치는 곳'으로부터 멀리 있는 고객은 고객이 아닙니다. 연습하러 자주 올 수 없고, 연습하는 과정을 내가 직접 눈으로 보고 도움을 줄 수 없다면 그 고객은 조만간 떨어져 나갈 겁니다. 일반적으로는 걸어서 10분 이내, 차 타고 10분 이내의 고객만이 레슨 고객입니다. 홍보나 마케팅도 광역 고객들에게 자신을 알리려고 애쓸 필요 없어요. '동네에서 잘 가르치기로 소문난 선생님'이 되는 것이 더 중요합니다. 레슨은 신규 고객을 모집하는 업이 아니라 단골을 늘려가는 업이라는 사실을 절대 잊어서는 안 됩니다. '골프 잘 치는 사람들을 더 잘 치게 도와주는 족집게 과외 선생님'으로 유명해지기보다는 '완전 초보자를 골프에 입문시키는 도사'라는 소문이 훨씬 상업적으로도 훌륭한 이미지이고, 가르치는 보람도 있다고 믿습니다.

결론적으로 이야기하면 10분 거리 내에 있는 30대 왕초보, 또 초보 여성 골퍼가 주된 고객입니다.

운동은 말로 가르칠 수 있는 게 아니다

인류의 역사에서 언어가 발달하기 전에 이미 운동은 있었습니다. 운동을 가르친다는 것은 몸 쓰는 법을 가르치는 거죠. 운동은 말로 가르칠 수 없습니다. 운동을 가르친다는 것의 핵심은 머릿속에 동작을 느낌으로 전달하는 것이고 운동을 배운다는 것의 핵심은 이미지대로 상상한 대로 따라 하는, 흉내를 내는 겁니다. 운동을 배우고 가르치는 데 쓰이는 주요한 커뮤니케이션의 수단은 말이 아니라 '느낌'입니다. 골프가 아닌 다른 운동을 배우고 가르치는 과정, 어렸을 때 배웠던 여러 가지 운동의 학습 과정을 한번 떠올려 보세요. 골프처럼 이렇게 무성한 용어, 말의 잔치 속에서 골치 아프게 배우고 가르치지 않았어요. 그저 동네 형들과 어울려서, 친구들 하는 것을 보고 따라 한 거죠. 그때의 그 운동들보다 골프가 더 어렵다고 생각하세요? 어린아이들이 걸음을 배우는 과정을 보세요. 직립보행은 정말 복잡하고 어려운 운동입니다. 그런데 그 복잡한 운동조차 말을 몰라도 배웁니다. 아이들은 언어능력을 갖기 전에 인간으로 살아가는 데 필요한 대부분의 운동을 익힙니다.

말은 언어입니다. 인간은 언어로 생각을 하죠. 한국 사람은 국어로 생각하고 미국 사람은 영어로 생각합니다. 말이나 글을 통해 전달된 내용은 생각을 유발합니다. 인간의 뇌는 생각을 담당하는 영역과 운동을 담당하는 영역이 전혀 다릅니다. 생각이 많아지면 운동 수행능력에 장애가 나타납니다. 운동을 방해한다는 거죠. 생각은 볼에 대한 집중력과 목표에 대한 집중력을 현저히 떨어뜨립니다. 운동은 생각으로 통제되지 않습니다. 운동은 이미지와 느낌으로 통제됩니다. 거리를 보고, 장애를 살피고, 조건과 상황을 고려해서 클럽을 선택하는 것까지가 생각의 뇌(좌뇌)가 하는 영역의 일입니다. 그다음 운동을 집행하는 것은 운동의 뇌(우뇌)가 할 일입니다. 운동은 말로 설명해서 그것을 기억하는 것보다 느낌으로 전달되었을 때 더 정확하게 오래 기억합니다. 말로 운동을 설명하면 2차원의 스틸 사진이 되어버리지만 느낌은 3차원 혹은 4차원의 전달 수단입니다. 그래서 느낌이 운동을 이해시키고 전달할 때 더 좋은 수단입니다. 느낌으로 가르치는 골프와 말로 가르치는 골프는 완전히 다른 교육 방법입니다.

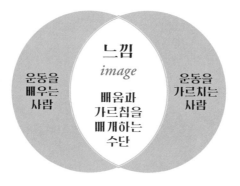

스윙이 굉장히 급하고 빠른 사람을 보고 티칭 프로가 "너무 급해요, 좀 천천히 샷을 하세요."라고 가르치면 그 사람은 '천천히'라는 생각을 하면서 샷을 연습하겠지요? 그렇게 뭔가를 생각하게 하는 레슨은 나쁜 레슨입니다. 천천히 샷을 해야겠다는 생각이 총체적인 운동을 방해하게 되는 겁니다. 연습장에서는 생각의 방해에도 그냥저냥 할 수 있더라도 필드에 가면 그 '생각'이 아주 성가신 방해꾼이 되고 맙니다. 그리고 샷이 빠르다는 병을 고치고 싶은 사람에게 샷을 빠르게 하지 말라는 말만으로 레슨비를 받는다는 게 말이 되나요? 스웨이가 심해서 온 사람에게 "스웨이 하지 마세요.", 헤드 업 때문에 온 사람에게 "헤드 업 하지 마세요."라고 하는 것은 배가 아파 병원에 온 사람에게 "배 아프지 마세요."라고 이야기하고 진료비를 받는 것과 뭐가 다른가요?

스윙이 빠른 사람에게는 이렇게 이야기해보세요. "투수가 공을 던지는 느낌 혹은 춘향이가 그네 타는 느낌을 눈감고 떠올려 보고, 그런 느낌으로 빈 스윙을 한번 해보시겠어요?" 투수나 춘향이가 아니더라도 비슷한 리듬, 느낌을 상상하며 공을 칠 수 있도록 안내하고, 공을 치고 난 후 샷과 빈 스윙의 느낌을 비교해볼 수 있도록 합니다. 빈 스윙과 샷을 거듭할수록 샷은 부드러워지고, 힘을 빼는 데도 도움을 줄 수 있습니다. 말로 생각을 하게 하는 레슨과 이미지를 통해 느낌을 만들어서 스윙을 컨트롤하는 레슨의 차이를 금방 알 수 있을 겁니다. 골프 연습의 목적은 아무 생각 없는 스윙을 만드는 것이고 무의식적으로 할 수 있는 동작을 만드는 겁니다. 어떤 레슨을 하든지 결과적으로 생각이 많아진다면 결코 좋은 레슨이라 할 수 없습니다.

이렇듯 말이 아니라 느낌을 주요한 커뮤니케이션의 수단이라고 한다면 느낌을 주는 효과적인 방법은 어떤 것이 있을까요? 가장 많이 쓰고 전통적이면서 손쉬운 방법은 '시범'을 보이는 겁니다. 선생을 보고 동작을 느끼고 따라 하게 하는 거죠. 그래서 함께 연습하는 선생이 가장 좋은 선생이라고 하는 겁니다.

그다음으로는 '연습도구'를 잘 활용하는 겁니다. 터는 느낌, 던지는 느낌, 헤드 무게로 떨어뜨리는 느낌 등 스윙의 과정에서 알아야 할 느낌들을 말로 설명하는 것이 아니라 연습 도구를 추천하고 사용하여 체득하게 도울 수 있습니다. 좀 전에 예로 들었던 것처럼 '이미지'를 주는 것도 느낌을 제공하는 데 탁월한 효과가 있습니다. 비슷한 운동 경험을 찾아주는 것도 좋고요. 야구 경험이 많으면 야구 스윙하듯 해보라고 하거나, 탁구를 해봤으면 탁구 동작 중 도움이 될 만한 이미지를 가져다가 골프 스윙에 접목해보게끔 하는 거죠. 음악이나 소리도 느낌 창출에 꽤 도움이 됩니다. 음악의 리듬에 맞춰 움직이다 보면 동작의 시퀀스가 자연스럽게 형성되고 타이밍이 좋아집니다.

'느낌'을 핵심 커뮤니케이션 수단으로 삼으면 선생이 고민해야 할 바는 많아지지만, 수강생은 아무 생각 없이 스윙을 익히고 발전시킬 수 있습니다. 골프 레슨은 '말'에 의존하면 안 된다는 점, 꼭 잊지 마세요.

>> 말이나 생각으로는 컨트롤이 잘 안 되며, 느낌이나 이미지로 통제할 수 있다.

현상과 원인, 그 원인의 원인 또 그 원인의 원인

세상에는 다양한 문제가 있습니다. 선생은 자신의 분야에서 문제를 잘 풀어내는 사람입니다. 그런 사람을 소위 전문가라 이야기하죠. 좋은 선생은 문제를 잘 풂과 동시에 깊이 있게 풀어내는 사람입니다. 모든 문제에는 원인이 있습니다. 수강생의 고민이 슬라이스라면 그 슬라이스의 원인을 찾고, 해결하기 위한 대안을 멋지게 제시하는 사람이 좋은 선생이겠죠. 그런데 모든 문제의 원인은 한 가지가 아닙니다. 원인을 낳은 또 다른 원인이 있고, 그 원인의 더 깊은 곳에 또 다른 원인이 있기도 합니다. 굉장히 중층적이지요. 그렇다면 원인의 원인, 그 원인의 또 다른 원인을 더 깊이 들여다보고 이야기하는 선생일수록 더 좋은 선생일 가능성이 큽니다. 다시 한번 말씀드리지만, 문제를 잘 해석할 수 있어야 적확한 해결책이 나오는 겁니다. 문제의 근원을 찾는 방법은 '3-WHY', 선생이라면 적어도 3번 정도 왜 그런지 물어 원인을 찾아 문제를 파고들어야 합니다. 원

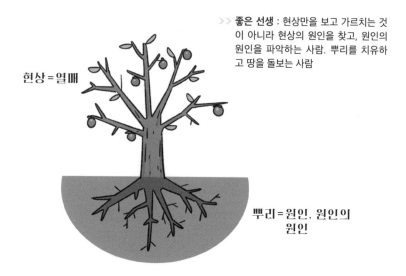

현상 = 열매

>> **좋은 선생** : 현상만을 보고 가르치는 것이 아니라 현상의 원인을 찾고, 원인의 원인을 파악하는 사람. 뿌리를 치유하고 땅을 돌보는 사람

뿌리 = 원인, 원인의 원인

인의 원인, 그 원인의 원인, 또 그 원인의 원인이 무엇인지 파고들지 않고 문제를 피상적으로 이해하면 피상적인 해결책밖에 나오지 않습니다. 몸에 열이 나서 병원에 가도 열이 나는 근본적인 원인을 해결하는 의사가 있고, 그냥 해열제를 처방하는 의사가 있는 것과 같은 이치입니다.

너무나 단순하고 명쾌한 동작, 그것도 공이 없으면 누구나 쉽게 하는 동작인데 막상 공을 앞에 두고는 하지 못한다면 그것은 동작의 문제가 아니라 공 때문에 생긴 문제고 그것은 바로 마음의 문제인 겁니다. 골프 치는 사람이라면 "그놈의 공만 보면….."이라는 이야기를 입에 달고 삽니다. 동작의 오류라는 문제의 배후에는 반드시 마음의 오류, 마음의 오작동이 있습니다. 좋은 선생은 학생이 느끼는 마음의 오류를 밝혀내고 치유할 수 있어야 합니다. 원인의 원인을 묻는 것이 중요하다는 점을 잊지 마세요. 자신의 골프를 성장시키는 과정에도 대단히 중요한 포인트입니다.

무엇을 가르칠 것인가

● '스윙과 샷만 잘 가다듬어 놓으면 스코어는 잘 나오는 것인가? 스윙과 샷만 되면 골프는 저절로 되는가? 그렇다면 가르치고 있을 만큼 잘하는 우리의 골프는 어떤가? 골프와 더불어 행복한가? 골프는 스윙과 샷 말고도 더 많은 요소가 결합된 게임은 아닐까?'

레슨 프로들은 언제부턴가 골프를 가르치는 사람이 아니라 스윙과 샷을 가르치는 사람, 기술을 가르치는 사람으로 자신의 한계를 만들어 버렸습니다. 학생과 더불어 골프의 넓은 세계로 나가지 못하고 스승이 아닌 기술 전수자가 되어버리는 거죠. 어떻게 하면 수강생들이 골프를 즐기면서 잘 치고 행복해질 수 있을까 고민하다 보면 더 많은 배울 거리와 직면하게 되고, 그런 고민과 공부가 깊어질수록 수강생과 나눌 골프 이야기가 풍부해집니다. 그 속에서 좋은 콘텐츠가 만들어지고, 수강생들과 더불어 성장하지요. 모든 가르침과 배움은 이어져 있습니다. 일방적인 가르침이나 배움이 아닌, 가르치면서 배우고, 배우면서 가르친다는 말, 잊지 않으셨죠? 그러니 골프는 가르치는 자에게도 배우는 자에게도 공부(工夫)입니다.

사실, 스윙의 완성도를 높이는 것은 본인들의 몫입니다. 어떤 지침을 주고 방향을 제시하고 원리를 이해시키는 것은 선생의 몫일지 모르지만, 끝없는 반복을 통해 체득하는 것은 선생이 해줄 수 없는 거죠. 세월이 지나고 보면 원리와 지침이 스윙의 형성에서 차지하는 비율은 얼마 되지 않습니다. 머리로 이해했다고 생각대로 동작이 다 되지는 않잖아요. 이해하고 반복하지 않으면 이해가 무슨 소용이겠습니까. 그리고 많은 골프 선생이 처음부터 잘 배워야 한다는 둥 잘못 배워서 이상하다는 둥 '멋진 스윙'에 조급증을 가지고 있어요. 전혀 그렇지 않습니다. 스윙은 평생에 걸쳐 완성도를 더해가는 겁니다. 아무리 초기에 잘 배웠다 하더라도 그것을 유지관리하는 노력을 게을리하면 스윙은 점점 이상해집니다. 또 처음 좀 삐뚤어진 스윙으로 시작했다 하더라도 꾸준히 반복하면 좋아지기 마련이고요. 살을 빼고 체중을 유지하는 노력과 다르지 않습니다.

가르치기에 앞서 '나는 스윙을 가르치는 사람이 아니라 골프를 가르치는 사람'이라는 자각이 대단히 중요합니다. 폼은 그럴듯한데, 매너가 엉망인 것과 폼은 조금 덜해도 어딜 가나 환영받는 것 중 무엇을 가르치시겠어요? 수강생들을 멋진 골퍼로 육성하는 것이 교육 목표입니다.

선생과 의사는 다르다

세상에는 선생이 있고, 의사가 있습니다. 가르치는 자와 치유(치료)하는 자가 나뉘어있죠. 그런데 현재 골프 레슨의 세계에서는 선생과 의사의 구분이 불분명합니다. 저는 이것이 잘못되었다고 생각합니다. 특히, 골프를 처음 배우는 사람에게 있어 필요한 것은 의사가 아니라 선생이거든요. 초보 골퍼들에게는 병이라 할 것이 없습니다. 모든 것이 어색하고 모든 것이 어렵습니다. 무엇이 안 되는지도 모르겠고, 무엇을 해야 하는지도 알 수 없습니다. 그런 사람에게는 친절하고 상냥한 선생님이 필요합니다. 끊임없이 물어도 귀찮아하지 않고, 아낌없이 설명해주는 착한 선생님이 필요합니다. 무릇 의사의 치유가 필요한 병은 잘못된 동작의 누적이 만듭니다. 그러나 초보자들은 그렇게 뭔가가 쌓여있지 않지요. 무엇을 어떻게 해야 할지 모르는 것이 병이라면 병이랄까요. 그래서 초보자들에게는 먼저 칭찬, 격려, 동기부여, 욕망 자극, 가야 할 길을 잘 안내하는 것, 진도 관리, 문제에 대한 해석 등을 잘해주는 선생이 필요합니다.

행복골프훈련소에서는 가르치는 역할을 프로와 튜터로 나눠 놓았습니다. 프로는 병적인 현상을 치유하는 의사고 튜터는 골프적 마인드 셋팅을 안내하는 선생입니다. 이 책도 선생의 영역과 의사의 영역으로 구분해놓았습니다. 선생은 골프의 길을 안내하는 사람이고 의사는 그 길에서 발생한 어쩔 수 없이 겪게 되는 병적 증세를 치유하는 사람입니다.

선생은 좋은 습관을 만들어주는 사람

무사고 운전은 좋은 운전 습관이 만든다고 우리는 이구동성으로 이야기합니다. 신문 보는 습관을 지닌 사람이 국어를 잘하고, 매일 달리기하는 습관을 지닌 사람이 건강한 거죠. 골프 실력이란 골프에 좋은 습관의 총합입니다. 공을 치기 전에 스트레칭을 충분히 하는 습관, 필드 골프에서 라운드 전에 그린 스피드에 적응하는 습관, 자주 걸어 다니면서 하체를 단련하는 습관, 전략을 수립하는 습관, 연습장에서 숏게임이나 퍼팅을 먼저 하는 습관, 연습량을 고르게 관리하는 습관, 연습과 게임의 비중을 지키는 습관…. 골프에 도움이 되고 골프를 성숙시키는 데 필요한 습관은 엄청 많습니다. 골프라는 운동은 몇 개월 만에 결판나는 일이 아니라 평생에 걸쳐 성장하고 성숙시켜야 할 일입니다. 단거리 경주가 아니라 마라톤인 거죠. 좋은 습관을 지닌 사람이 승리할 수밖에 없어요. 그러니 좋은 선생이란 좋은 습관을 제안하고 그것이 수강생들의 골프 라이프 속에 잘 자리 잡도록 도와야 합니다.

옛말에 "말로 가르치는 선생보다는 몸으로 가르치는 선생이 훌륭하고, 몸으로 가르치기보다는 생활로 가르치는 선생이, 생활로 가르치는 선생보다 삶으로 보여주는 선생이 더욱 훌륭하다."라고 했습니다. 빈 스윙을 하는 것이 좋다고 말은 하지만 선생 본인이 하지 않고 있다면 말뿐인 선생인 겁니다. 스스로 좋은 습관들을 장착하고 그 실천 속에 수강생들을 끌어들이는 사람이 진정한 스승입니다. 결국, 좋은 선생은 스스로 행복한 골프를 먼저 즐기는 사람이 아닐까요?

나무가 아니라 숲

선생은 그 사람의 샷이 아니라 연습 과정을 살펴야 하고, 더 나아가 골프 라이프 전체를 봐야 합니다. 샷의 문제는 대부분 생활로부터 옵니다. 제가 본 많은 아마추어 골퍼는 운동능력과 소질에 따라 실력이 달라지기보다는 골프에 들인 절대적인 시간과 노력에 따라 성과가 다르게 나타나더라고요. 골프에서 일관성이 중요하다고 하죠? 그 사람의 생활과 연습에 일관성이 없는데 일관성 있는 샷이 쉬울까요? 라운드가 많든 적든 정기적이지 않은데 스코어의 관리가 쉬울까요? 어떤 샷의 문제를 고칠 때, 연습을 많이 하는 사람과 그렇지 않은 사람에게 같은 방법을 제안할 수는 없습니다. 스윙을 교정해줄 일이 생기면 저는 젓가락질 교정이 떠오릅니다. 무의식적으로 나오는 젓가락질을 새로운 동작으로 고치려면 얼마나 많이 반복적으로 연습해야 하는지를 생각하게 되죠. 많은 선생이 그저 잘못된 것을 고치는 것에 급급합니다. 그리고 자신의 눈앞에서 그것이 고쳐졌다는 것에 뿌듯해합니다. 그것은 자기만족일 뿐 실전에서 좋은 샷을 하고, 좋은 성적을 낼 수 있을지는 알 수 없습니다. 습관화에 이어진 이야기겠지만 교정된 스윙, 바른 스윙이 자리 잡기까지 꾸준히 자세를 관리하는 일이 더 중요하다는 겁니다. 그래서 저는 프로들에게 묻고 싶습니다. 레슨과 숙제 중 무엇이 중요합니까? 아무리 좋은 레슨을 해줘도 혼자 숙성시키는 연습 과정이 없으면 아무 소용 없다는 것을 알고 있는 프로들은 모두 숙제가 중요하다고 답하겠죠. 역설적으로 이야기하면 레슨이란 숙제를 주기 위해 하는 것이고, 숙제를 할 수 있을 만큼만 레슨을 해야 하는 겁니다. 그래서 샷을 일상이라고 하죠. 수강생들의 골프 라이프 전체에 개입하지 않고 좋은 결과를 가져오기는 힘듭니다. 의식과 지식의 세계에서는 어느 깨달음 하나가 삶 전체를 바꿀 수도 있고, 인식 체계 전체를 뒤흔들어 놓을 수도 있지만, 운동은 그렇지 않습니다. 운동은 반복의 과정을 거치지 않고는 성장할 수 없습니다. 그러니 누군가를 가르치는 사람은 나무가 아니라 숲을 봐야 합니다. 스윙과 샷이 나무라면 골프 라이프 전체가 숲입니다.

전체와 부분

골프가 아니어도 뭔가를 가르친다는 것은 늘 전체와 부분을 오가야 합니다. 학교 다닐 때 데생(dessin)해보셨죠? 도화지 위에 피사체를 어떤 크기와 각도로 그릴지 구도를 잡고 윤곽을 그리죠. 그 후 눈, 코, 입의 디테일한 위치를 잡습니다. 먼저 전체를 구상하고 부분을 세세하게 그리는 겁니다. 눈을 상세히 그려 보고, 전체 윤곽을 가다듬고, 입을 더 자세히 그리고, 다시 전체 조화를 확인하며 전체와 부분을 끊임없이 오가면서 그림을 완성해갑니다. 그것을 반대로 하게 되면 눈과 입이 그럴듯할지라도 전체적으로는 그리고자 하는 형태에서 벗어난 엉뚱한 인물을 그리게 되거든요. 이것은 어떤 분야를 배울 때든 마찬가지입니다. 전체를 먼저 이해해야 부분을 이해할 수 있습니다.

스윙에서 전체는 풀 스윙입니다. 풀 스윙을 쪼개고 나눠서 가르치면 안 됩니다. 스윙이 몸 전체를 써서 하는 것임을 먼저 이해해야 합니다. 사실 골프채가 아니어도 작대기 비슷한 것을 온몸으로 휘둘러보면 전체적인 몸놀림에 익숙해질 수 있습니다. 그립이니 셋업이니 하는 것은 천천히 해도 됩니다. 코킹이니 릴리스니 이런 것도 처음에는 알 필요 없습니다. 앎은 오히려 방해될 뿐입니다. 처음부터 부분에 집착하면 전체가 어색하고 부자연스러워질 수 있어요. 골프 클럽을 휘두르는 길이 하나의 평면임을 인지하고 골프 클럽이 그 평면에서 어떻게 운동하는지를 먼저 익혀야 합니다. 공을 치기 전에 약 만 번 정도 빈 스윙을 하면 대체로 풀 스윙을 이해하게 됩니다. 그 정도 연습량이 쌓이면 골프 스윙에 필요한 근력도 조금 발달하고 그동안 쓰지 않았던 근육도 풀어지면서 스윙에 필요한 유연성도 확보되지요. 빈 스윙을 하루에 30분가량 300번씩 꾸준히 연습하는 것을 추천합니다. 그것도 한꺼번에 하려면 지루하고 힘이 드니, 아침에 100번 낮에 짬짬이 100번 저녁에 자기 전에 100번 이렇게 하면 그리 어렵지 않은 과제가 됩니다. 딱히 정해진 것은 아니지만 천 번 정도 했을 때 궤도에 관해 설명하며 면을 맞춘다는 개념을 이해시키고, 다시 천 번 정도 더 하고 나서는 그립을 설명하면 좋습니다. 그렇게 부분과 전체를 오가는 거죠. 데생도 눈을 다 그렸다고 그림이 완성되는 게 아니잖아요. 그렸다 지웠다 다시 덧그렸다가 또 지우고…. 얼마나 많이 반복합니까? 스윙의 완성도 마찬가지입니다. 그립을 한 번 설명했다고 될 것 같은가요? 전혀 그렇지 않습니다. 한 번에는 이해도 잘되지 않아요. 스윙이 발전하면서 그립도 발전하고 스윙이 변하면서 그립도 변하는 겁니다. 셋업도 마찬가지입니다. 수없이 설명하고 이해시켜야 하는 겁니다. 우리가 가르치는 왕초보, 또 초보는 자기만의 셋업과 그립이 만들어지기까지 엄청난 시행착오를 겪을 겁니다. 골프 스윙의 완성이란 평생 그리는 한 장의 데생이라고 생각하면 됩니다. 만약 누군가 저에게 당신의 스윙은 완성되었느냐고 물으면 전혀 그렇지 않다고, 나의 스윙은 지금도 진화 중이라고 대답할 겁니다. 그건 저만 그런 것이 아니라 어떤 프로에게 물어도 그렇게 대답할 겁니다. 스윙이란 평생 미완성으로 남아 있을 겁니다. 그래서 골프를 완전한 샷, 완전한 무기로 싸우는 것이 아니라 무기의 불완전성을 전략으로 커버하는 게임이라고 이야기하는 겁니다.

좋은 선생이 되고 싶다면 당장 완전한 것을 가르치겠다는 강박에서 먼저 벗어나야 합니다. 구구단을 갓 배운 초등학생에게 2차, 3차 방정식에 대해 정성껏 설명한다고 알아듣지 못하잖아요. 본인의 완벽주의와 세심함이 어쩌면 수학에 대한 재미를 잃게 할지도 모릅니다.

2장

스윙은
가르칠 것이 없다

우리는 스윙하며 살아왔다.
다만 골프채가 처음일 뿐

● 마음골프학교에 이어 행복골프훈련소를 만들면서 일관되게 해
온 생각이 '골프 스윙은 가르칠 것이 없다'라는 것입니다. 골프 스윙
이라는 동작을 처음부터 새롭게 가르쳐야 하는 운동이라고 생각하
면 가르치는 자와 배우는 자가 고뇌에 빠지게 됩니다. 골프 스윙은
사람이 해온 수많은 운동 경험의 한 부분이고, 골프 스윙과 유사한
운동을 엄청 많이 하면서 살아왔다는 점에 주목해야 합니다.

물수제비 뜨기, 투수의 공 던지기, 도리깨질, 팽이
치기…. 이루 헤아릴 수 없이 많은 동작이 골프
스윙과 유사합니다. 그래서 골프 스윙은 가
르칠 것이 없습니다. 아니, 스윙을 새롭게 가
르치려 하면 절대 안 됩니다. 인간이 오랜 역

사 속에서 해온, 이미 경험하여 아는 동작을 골프적으로 재구성하는 것이 스윙을 가르치는 일이 되어야 합니다. 저는 그런 철학과 방법으로 수만 명을 가르쳐 왔습니다. 단지 생각만으로 이렇게 주장하는 것이 아니라, 제 레슨 인생에서 겪은 수많은 시행착오의 결과이자 많은 아마추어 골퍼를 멋진 골프의 세계로 안내한 경험을 바탕으로 자신 있게 말씀드리는 겁니다. 이 문제를 '골프 가르치기'의 처음에 놓고 강조하는 이유는 향후의 모든 이야기가 '스윙은 가르칠 것이 없다'라는 대전제로부터 출발하기 때문입니다.

'스윙은 단 10분이면 배우는 아주 간단한 운동입니다', '스윙은 줄넘기보다 쉽습니다'를 수강생들에게 복창하게 하고 끊임없이 강조합니다. 스윙은 대단히 어려우며 전문적인 프로에게 배워야 하는 운동이라는 오염된 생각이 너무도 넓고 깊게 뿌리 내리고 있기 때문입니다. 보통 스윙이 이상한 이유를 처음부터 제대로 배우지 않아서라고 생각하거든요. 스윙이 본질적으로 어렵고, 배우기 쉽지 않다고 생각하면 골프에서 나타나는 모든 미스 샷을 잘못 해석하게 되고 잘못된 처방을 내리게 됩니다. 병이 병을 낳고, 원인과 결과가 뒤엉키면서 다양한 합병증으로 발전하고 결국, 정신적인 질환(입스)으로 발전합니다.

사람들은 다 알고 있습니다. 줄넘기는 쉬운데 줄넘기를 잘하기는 어렵다는 것을, 잘하는 수준이 높아질수록 요구되는 반복의 양도 기하급수적으로 늘어난다는 것을 배우지 않아도 알고 있습니다. 골프 스윙도 마찬가지입니다. 가장 작은 공을 가장 멀리 보내는 운동이기에 굉장한 스피드를 만들어야 합니다. 골프 클럽은 스피드를 극단적으로 잘 내기 위해 진화해온 운동 도구입니다. 골프 클럽보다 더 빠르게 움직이는 운동 도구를 한번 떠올려 보세요. 떠오르는 것이 있나요? 없습니다. 스윙은 단순하고 쉬운 작대기 휘두르기에 불과하지만 굉장한 스피드로 일관되게 어떤 점을 지나는 것이 어려운 거죠. 줄넘기보다도 더 단순한 선 긋기를 가지고 이야기해도 똑같습니다. 선 긋기가 어려운 것이 아니라 아주 빠른 스피드로 작은 점을 잇는 일관된 선을 긋는 것이 어려운 겁니다.

모든 가르침과 배움에서는 본질을 정확히 이해하는 것이 중요합니다. 그래야 낭비를 줄일 수 있습니다. '골프에 쓰이는 스윙은 배우기 정말 쉬운데 속도와 일관성의 확보가 어렵다. 속도와 일관성을 확보하기 위해서는 어마어마한 양의 반복이 필요하다'라는 사실을 뼛속까지 이해하고 있어야 합니다. 요즘 레슨에선 고속카메라까지 동원하며 미스 샷이 이런저런 원인 때문이라고 설명을 하지만 대부분의 미스 샷과 거듭되는 실수들의 근본적인 원인을 따지고 들어가 보면 보통 '반복의 절대량'이 모자라서 생기는 겁니다. 멘탈이 약한 것 같다는 고민 또한 반복의 양으로 환산해보면 쉬이 답이 나옵니다. 기계적인 동작, 자동화된 동작을 할 만큼 반복을 많이 한 사람에게 심리적 압박이 끼어들 틈이 있겠습니까? 프로들은 작대기 휘두르기에 불과한 스윙이라는 아주 단순한 동작을 최소 300만 번, 많이 한 사람은 500만 번 했습니다. 그러니 눈에 보이지도 않을 만큼의 절제된 동작으로 공을 멀리 치는 겁니다. 육안으로 구별되지 않을 만큼의 절제된 동작이 몇몇 지침만으로 만들어지겠습니까? 저는 수강생들에게 "우리는 프로의 스윙을 따라 할 수 없다, 이생에는 안 될 거다."를 끊임없이 따라 하게 합니다. 그만한 몸 상태가 아닐뿐더러 그만큼 빈 스윙을 반복할 의사도 없기 때문입니다. 스윙의 퀄리티는 빈 스윙양이 결정하는 겁니다. 그러니 좋은 선생은 반복을 돕는 자입니다. 어떤 방법을 동원하든 무슨 수단을 쓰든 반복하고 싶게 만드는 선생이 좋은 선생이고 함께 반복하는 선생이 착한 선생인 거죠.

그렇게 보면 스윙을 쪼개고 나눠서 가르치는 모든 가르침은 잘못된 레슨입니다. 소위 '똑딱볼 레슨', '똑딱이'라고 들어보셨나요? '분습법'이라고도 이야기하는데, 그렇게 접근하면 스윙은 완전히 새롭게 배워야 할 어떤 몸짓이 되어버립니다. 평생 짊어지고 가야 할 고뇌 덩어리를 하나 갖게 되는 거죠. 7번 아이언 풀 스윙을 배우는 데 3개월, 드라이버를 치기까지 또 3개월…. 이건 말도 안 되는 레슨인 겁니다. 그럴 리도 없지만, 설혹 이런 레슨으로 좋은 폼을 갖게 되었다 치더라도 이런 수련의 과정을 묵묵히 견디고 어떤 경지에 이를 사람은 애초에 몇 명 없어요. 지루해서, 재미없어서, 몸이 아파서…. 아마추어 대부분은 그 과정에서 다 떨어져 나가고 아주 지독한 사람만이 이 과정을 통과할 겁니다. 그렇게 해서 프로 비슷한 스윙을 익혔대도 그 스윙을 유지 관리하는 일이 쉽나요? 다른 예로, 단식해서 살을 많이 뺀대도 그 체중을 유지하기 위해서는 피눈물 나는 노력이 필요합니다. 스윙은 단 몇 개월 만에 만들어지는 것도 아니고 순간의 완벽이 계속되는 것도 아닙니다. 평생에 걸쳐 발전시켜가야 할 숙명인 겁니다.

사실 수강생들에게 알려줘야 할 것은 스윙 그 자체라기보다 스윙이 장기적, 숙명적 과제라는 점입니다. '다른 선전과 선동에 현혹되지 마라. 스윙의 완성에는 지독한 반복 이외에 왕도가 없다'라는 것을 알려줘야지요. 그리고 아직 미완성의 상태지만 얼마든지 스코어 메이킹을 할 수 있고, 행복하게 골프를 즐기고 있다는 것을 몸소 보여줘야 합니다. 그래서 저는 100타만 깨도 좋은 선생이 될 수 있다고 주장하는 겁니다.

3장

골프 라이프의 중심에
게임을 놓아야 한다

연습은 하기 싫지만,
게임은 하고 싶으니까

● 저는 골프 선생의 첫 과제를 '수강생들이 골프를 때려치우지 않게 하는 것'이라고 가르칩니다. 모두 웃지요. 그렇지만 그 말은 많은 의미를 함축하고 있습니다. 3개월 하다가 때려치우고 또 3개월 하다가 쉬는 사람을 어떻게 잘 치게 만들 수 있습니까? 골프는 적어도 1년, 진짜 골프의 매력에 빠지려면 3년은 꾸준히 해야 합니다. 폼이고 뭐고 일단은 골프를 지속할 힘을 키워줘야지요. 말은 쉬운데 어떻게 해야 때려치우지 않게 할 수 있을까요? 남편이 하라고 해서, 친구들이 하라고 해서, 더 이상 미룰 수가 없어서…. 의무감으로 하는 골프는 오래 못 갑니다. 골프를 시작하는 사람 중 70%가 중도에 그만두는 경험을 하고 있습니다. 욕망이 있어야 지속할 수 있고, 욕망은 재미로부터 생겨납니다. 재미있어서 더 잘하고 싶은 욕망, 그것이 바

로 골프를 지속할 내적 에너지가 되는 겁니다. 그래서 저는 선생들을 교육할 때 '멋진 폼' 보다 '욕망의 생성'이 더 중요한 문제라고 강조합니다.

저는 수강생들에게 제발 연습 좀 많이 하지 말라고 합니다. 세상에 어떤 운동이 그렇게 연습을 많이 합니까? 축구? 야구? 우리는 친구들이 모일 때까지 연습 비슷한 것을 하다가 친구들이 모이면 바로 게임을 하지 않습니까? 당구는 큐를 잡는 날부터 바로 짜장면 내기에 돌입합니다. 그렇게 실전에서 배워 평생 즐기죠. 그런데 골프는 왜? 동작이 어려워서 그렇다? 전혀 그렇지 않습니다. 다른 운동에 비해 골프는 동작의 다양성이 그다지 없는 운동입니다. 탁구와 비교해봐도 금방 알 수 있지 않나요? 숏게임과 퍼팅에 쓰이는 동작이야 운동이라 이름하기도 쑥스러운 수준인데 풀 스윙 하나만 놓고 보면 단 하나의 동작이잖아요. 도구가 많아서 그렇다? 그것도 참 이상한 주장입니다. 망치질을 배우면 큰 망치, 작은 망치 다 다룰 수 있잖아요. 드라이버든 아이언이든 결과적인 느낌이 좀 다를 뿐 작대기 휘두르기, 단 하나의 동작에 불과합니다. 그러니 도구가 많아서 연습량이 많아야 한다는 것도 어불성설입니다. 다른 나라에서의 골프는 어떨까요? 미국에서는 2시간 정도 레슨 후 바로 필드에 나가라고 합니다. 그 외 우리와 비슷하게 연습이 비대해져 있는 것은 일본 정도가 아닐까 싶습니다. 우리나라의 골프가 이토록 연습 과정이 비대해진 이유는 사장님, 회장님들의 전유물로 시작된 대한민국 골프의 슬픈 역사에 있습니다. 골프장은 귀하고 비싸서 회원권이 없으면 부킹 자체가 안 되었던 시절, 부장이나 이사들이 사장님, 회장님이 불러 줄 날을 기다리며 묵묵히 칼을 갈고 있어야 했던 거죠. 이제 상황이 변했습니다. 회원권이 없어도 얼마든지 골프를 칠 수 있고, 저렴한 스크린골프 게임에서 아주 비싼 프라이빗 골프장까지 다양하게 즐길 수 있습니다. 파3도 있고 9홀 퍼블릭도 있습니다. 외국으로 나가면 더욱 저렴한 골프장도 있고요. 시대가 변했으니 골프 연습 문화도 바뀌어야 합니다. 게임을 골프 라이프의 중심에 놓아야 하고, 연습은 보조적인 위치를 점해야 합니다. 운동의 학습에는 그것이 당연합니다.

'스윙은 배울 것 없이 단순하다. 그렇지만 지루한 반복의 과정이 가로막고 있다. 그러니 반복의 괴로움을 돌파할 힘이 필요하다. 그 힘은 바로 재미와 욕망으로부터 온다.' 제 주장입니다. 재미와 욕망은 어떻게 생성되는 겁니까? 바로 게임입니다. 게임을 해야 도전 의식도 생기고 경쟁심도 생깁니다. 조금만 더 하면 잘할 수 있을 것 같은 조바심이 다시 골프에 도전하게 만듭니다. 초보자일수록 더욱 게임 중심이 되어야 하는 이유가 거기에 있습니다.

18홀 필드 게임을 많이 하면 더없이 좋습니다. 그렇지만 비용과 시간 면에서 필드를 그리 자주 나갈 수 없는 상황이고, 필드 골프에 재미를 느끼기까지 시간이 많이 필요합니다. 필드 라운드 횟수가 적어도 30번 정도는 되어야 비로소 재미를 느낄 수 있을 겁니다. 사실 아마추어 골퍼 대부분은 그사이에 다 골프를 때려치우지요. 그래서 대안으로 떠오르는 것이 스크린골프입니다. 스크린골프는 필드 골프보다 상대적으로 적은 비용과 시간으로 재미를 느낄 수 있습니다. 그래도 석 달 이상의 시간이 걸리기 때문에 문제는 그마저도 기다리고 견디기 어려운 사람들을 어찌할 것인가입니다. 단순하고 직관적이고 빠르게 골프를 익힐 수 있는 게임이 필요했습니다. 하루만 배워도 할 수 있는 게임, 하면 할수록 향상된 실력이 눈으로 보이는 게임을 개발하기 위해 오랫동안 고민한 결과, '행복골프훈련소의 골프력 게임'이 탄생했습니다. 드라이버만 가지고 하는 게임, 아이언으로 하는 게임, 숏게임, 퍼팅 게임 등으로 구성된 10분 안에 끝나는 게임, 하고 나면 점수가 나와서 자신의 실력을 자각할 수 있는 게임, 성적을 비교할 수 있는 게임을 만들었습니다. 그냥 게임만으로도 훌륭한 교육이지만 학습적으로 잘 설계된 게임이라면 교육 효과는 더욱 클 수밖에 없습니다.

그냥 무작정 하는 연습에 비해 매 샷을 집중해서 할 수 있고, 모든 샷을 점수로 피드백해주기에 같은 시간을 연습해도 큰 효과를 볼 수 있습니다. 18홀 스크린골프나 필드 골프가 종합시험, 모의고사라면 행복골프훈련소의 골프력 게임은 단과 과목입니다. 개별 과목의 성적을 올리면 모의고사 성적이 올라가는 당연한 이치로, 제일 성적이 낮은 과목에 집중해서 성적을 올리면 전체 성적이 올라갑니다. 자동으로 학습 설계가 되는 셈이죠. 이런저런 주장이 많지만, 스크린골프의 성적을 올리면 자연히 필드 골프 성적도 올라갑니다. 등치 관계는 아닐지라도 스크린골프가 필드 골프에 드는 시간과 비용을 절약하면서도 대단히 효과적인 학습 수단이라는 점은 증명된 바입니다.

사람들이 골프 연습장을 오는 가장 큰 이유가 실력 향상이라고 했죠. 그것이 골프 연습장을 성공시키는 가치, 즉 '업의 본질'입니다. 그런데 실력이 향상되고 있다는 것을 어떻게 알죠? 필드 골프에서 실력이 향상되고 있다는 것을 확인하는 일은 적어도 6개월, 보통은 1년 정도의 시간을 견뎌야 합니다. 누가 그 시간을 인내할까요? 게다가 필드 스코어는 워낙 들쭉날쭉해서 특히 초보자는 같은 골프장이라 하더라도 코스 세팅에 따라 10타가 왔다 갔다 합니다. 그러니 필드 골프의 스코어는 실력 향상을 가늠하는 적절한 지표가 되지 못합니다. 스크린골프의 스코어는 어떨까요? 필드 골프보다야 단기적이지만 그것도 3개월에서 6개월의 시간을 견뎌야 하므로 실력의 향상을 가늠하기 어려운, 불완전한 지표입니다. 우리에게 필요한 것은 일주일 정도 열심히 하면 성과가 가시적으로 드러나고, 한 달이면

확연한 발전을 알 수 있는 지표입니다. 그런 면에서도 행복골프훈련소의 골프력 게임은 탁월함을 가지고 있습니다. 퍼팅이든 숏게임이든 일주일만 열심히 하면 금방 좋은 점수를 낼 수 있습니다. 바꿔 이야기하면 다른 연습장에서는 실력이 향상되었다 해도 수강생이 가시적으로 알 수 없고, 프로든 수강생이든 주관적인 판단을 할 수밖에 없기에 이 점에서 행복골프훈련소는 마케팅적으로 훨씬 유리한 거죠.

연습장을 등록하고 다니는 그 순간부터 즐겁고 행복해야 한다는 것이 제 생각입니다. 공을 치는 부담감이 없는 빈 스윙을 가장 먼저 가르치면 마치 에어로빅을 배운 것처럼 첫날부터 재미있고 기쁩니다. 퍼팅부터 가르치면 배워서 바로 게임을 할 수 있으니 재미가 생깁니다. 일정한 점수가 되면 숏게임 레슨을, 그리고 빈 스윙의 양이 어느 정도 축적되면 롱게임 레슨을 진행합니다. 등록하는 그 순간부터 재미가 생깁니다. 골프를 가르친다는 것은 게임을 할 수 있게 돕는 겁니다. 완전한 샷보다 퍼팅 게임이든 숏게임이든 당장 게임을 할 수 있을 만큼의 샷을 가르치는 겁니다. 게임 점수를 높이고 싶을 때 더 잘하기 위한 레슨을 조금씩 하면 됩니다. 게임은 단순할수록 몰입도가 높아집니다.

저의 수강생 중에는 하루에 두 시간씩 7주 동안 교육받은 것을 끝으로 연습장을 전혀 다니지 않고 성공적으로 골프 라이프를 영위하는 사람들도 많습니다. 철저히 게임을 중심에 놓고 골프를 즐기고 있는 거죠. 무리한 연습을 하지 않으니 몸 상태가 좋고, 샷을 연구하지 않으니 샷을 하는 데 고민이나 염려가 없습니다. 수많은 게임을 통해 전략을 수립하는 것이 체화되어 있고, 미스 샷이 나오더라도 얼마든지 만회할 기회가 있다는 것을 알고 있기에 실수에 대해서 너그럽습니다. 또 골프는 혼자 하는 게임이지만 집단역동성(그룹 역동성)이 작용하는 부분도 충분히 이해하게 됩니다. 골프라는 게임이 요구하는 바를 정확히 학습하고 있는 것이죠.

골프 라이프의 중심에는 게임을 놓아야 합니다. 어떤 게임이든 말이죠. 연습이 중심인 것으로 인식되면 골프 라이프 전체가 왜곡됩니다. 본인들은 연습하고 있다고 생각하지만, 가만히 보면 '연습'이 아니라 '연구'하는 경우가 태반입니다. 스스로 뭔가를 교정한다고 하는 행위들이 결과적으로는 미스 샷을 연습한 꼴이 되어버리고 결국 기괴한 모습의 비극적인 폼으로 나타납니다. 연습의 구성도 드라이버든 아이언이든 롱게임 중심의 편중된 연습이 되어버리는 경우가 허다합니다. 게임을 잘할 수 있도록 돕는 것이 레슨의 목적입니다. 게임을 잘하고 싶은, 좋은 성적을 내고 싶은 욕구가 먼저 생기고 그 욕구 위에 레슨이 서야 합니다. 사소한 동작이라도 교정하려면 많은 시간을 들여 반복해야 자동화된 동작이 되니까요. 그러려면 커다란 인내심이 작동해야 합니다. 인내심은 강요한다고 나오는 것도 아니고 쥐어짠다고 될 일도 아닙니다. 인내심은 욕망에서 생기는 것이라 욕망의 크기에 비례합니다. 잘하고 싶은 욕망이 크면 지루한 연습이나 반복을 견디는 일도 괴로움이 아니라 즐거움으로 변합니다.

레슨이 게임 성적의 향상을 돕는 것이라는 관점으로 보면 '지금 당장 완전하고 완벽한 것을 가르쳐야 한다'는 선생 강박에서 벗어날 수 있습니다. 영어 시험에서 60점을 받은 사람의 실력 향상을 위해서는 먼저 다음 시험에서 70점을 받을 수 있도록 가르쳐야죠. 무턱대고 100점에 도전할 수는 없으니까요. 골프도 똑같습니다. 당장 도움이 될 단순한 것부터 가르쳐야 합니다. 선생도 수강생도 게임을 중심에 놓고 서로의 관계를 설정하면, 골프 교습의 새로운 지평이 열립니다.

4장

잘못된 동작의 배후

샷이 될 수 없는 스윙

● 골프 레슨을 시작하기 전에 가장 먼저 염두에 둬야 할 대전제는 '스윙은 쉽다', '가르칠 것이 없다'라고 강조했던 것 기억하시나요? 스윙은 줄넘기, 자전거 타기보다 쉽다는 사실을 잊어서는 안 됩니다. 이것이 제가 해왔던 수많은 골프 레슨의 대전제입니다. 골프 레슨을 업으로 해온 사람 중 저와는 다른 방식으로 골프를 익히고 가르치는 사람들에게는 이 이야기가 뜬금없이 들릴지 모르겠지만, 저는 '스윙은 줄넘기보다 쉽다'라는 것을 전제로 만 명을 가르쳤고, 30만 명의 수강생을 확보했으며 100억의 매출을 올렸습니다.

공을 치는 행위로의 샷은 어렵습니다. 그렇지만 그것과 구분하여 그저 작대기를 휘두르는 동작으로 국한해서 따로 보면 스윙은 아주 쉬운 운동입니다. 누구에게 물어봐도 작대기를 휘두르는 동작은 이미 할 줄 하는 운동이지 돈 주고 배워야 할 것이라 이야기하지 않습니다. 저는 수강생을 가르치면서 스윙을 10분 이상 가르쳐 본 적

이 별로 없습니다. 자세히 설명하지도 않습니다. 그저 제가 앞에 서서 저를 보고 따라 하라고 합니다. 남녀노소를 불문하고 대략 10분이면 스윙과 비슷한 동작이 만들어집니다. 사람에 따라 편차가 있긴 합니다만, 대략 10분 정도 해보면 그 사람의 몸 상태가 드러납니다. 근력과 유연성에 따라 스윙이 자리 잡는 모양새는 각양각색입니다. 몸이 유연하고 근력이 충분하면 깜짝 놀랄 만큼 세련된 스윙이 단 10분 만에도 만들어집니다. 특히 어린 아이들은 가벼운 클럽을 쥐여주고 시켜보면 짧은 시간에 프로 스윙 버금가는 완벽한 스윙을 하게됩니다. 그러니 스윙은 줄넘기보다 쉬운 겁니다.

그렇다고 당장 공을 칠 수 있다는 건 아닙니다. 그렇게 익힌 스윙으로 공을 치는 샷을 하려면 일관성을 확보하는 시간이 필요합니다. 줄넘기를 잘하는 사람이 바닥에 일정한 자국을 내는 것처럼 스윙하면서 클럽을 휘두르는 길이 일정한 편차 안에 들어올 만큼은 반복 연습을 해줘야 합니다. 대략 3천 번 정도면 공을 칠 수 있을 정도가 되고, 만 번 정도면 꽤 훌륭한 스윙이 됩니다. 현재 자신의 몸에 최적화된 스윙을 하게 되는 거죠. 스윙의 질을 높이는 것은 꾸준한 반복을 통해 일관성을 높이는 것이고, 스윙의 편차를 줄여가는 과정입니다. 스윙을 멋지게 만드는 법은 줄넘기를 잘하는 법과 완전히 같습니다. 반복의 세계이자 양(量)의 세계입니다. 멋진 스윙의 결과는 멋진 줄넘기의 결과와 같아야 합니다. 줄넘기할 때처럼 아무 생각 없이 하는 상태여야 한다는 거죠.

>> 줄넘기를 잘하는 사람, 스윙을 잘하는 사람은 일관성 있는 자국을 만든다.

>> 줄넘기를 잘 못 하는 사람, 스윙을 잘 못 하는 사람은 불규칙한 자국을 만든다.

공은 요물이다

공이 없는 상태의 스윙을 빈 스윙이라 합니다. 빈 스윙을 시켜보면 코킹과 릴리스, 손과 팔의 로테이션 동작, 큰 근육을 쓰는 바디 턴과 체중 이동, 트랜지션… 모든 동작이 거침없이 완벽하게 됩니다. 스웨이도 별로 없고 피니쉬도 너무나 자연스럽습니다. 그다지 오버스윙도 없고, 캐스팅 동작도 보이지 않습니다. 그건 뭘 의미하는 걸까요? 우리는 이미 골프에 쓰이는 모든 동작을 할 수 있다는 거죠. 그런데 같은 스윙으로 공을 쳐보라고 하면 언제 그랬냐는 듯 전혀 다른 동작을 합니다. 공을 대하는 순간 그토록 자연스러웠던 빈 스윙은 어디로가 사라지고 맙니다. 그러니 골프에 쓰이는 스윙이 어려운 게 아니라 샷이 어려운 것이고, 어려움의 원인은 바로 공 때문인 거죠.

45.93g 이하의 무게, 42.67mm 이상의 지름, 수백 개의 딤플, 고무와 플라스틱 계통의 재료로 만들어진 공은 물리 화학적 성질을 가진 객관적 실체로 존재하지만, 어느 날의 골프공은 탁구공처럼 가볍게 느껴지고, 어느 날의 골프공은 쇳덩어리처럼 무겁게 느껴집니다. 어느 날은 작아 보이고 또 어느 날은 엄청 크게 느껴집니다. 공이

란 결국 객관적인 실체라기보다 조건과 환경에 따라 요동치는 마음, 그 마음에 의해 전혀 다르게 느껴지는 요물인 겁니다. 공은 내 마음을 비추는 거울이고, 내 마음을 담는 그릇입니다. 공을 대하는 마음에 따라 변하는 샷의 실체를 밝히는 일이 바로 골프 레슨의 요체입니다.

마음의 작동, 마음의 오작동

인간은 방대한 운동 정보 데이터베이스를 가지고 있습니다. 호미를 주면 호미질을 하고 도끼를 주면 도끼질을 한다는 이야기가 그렇습니다. 딱히 배우지 않아도 어떤 도구를 주고 그 도구를 사용할 대상을 보여주면 그 도구로 어떤 운동을 해야 할 것인가를 즉각적으로 설계합니다.

스윙은 쉬운데 샷이 어려워지는 핵심적인 이유는 빈 스윙은 아무런 목적의식이 없는 행위인 데 비해 공을 막상 치러 들어서면 뭔가 '목적'이 생겨 버리기 때문입니다. 클럽이라는 도구로 공을 날려서 어느 지점까지 보내야겠다는 '의지'가 발동하는 거죠. 그러면 누가 시키지 않아도 뇌는 설계를 합니다. 마음이 작동하는 거죠. 마음은 '지금까지 했던 빈 스윙으로는 공을 목적지까지 보내기 어려울 거야'라고 판단해버리고는 빈 스윙과 전혀 다른 운동을 설계하고 그것을 실행하도록 몸에 시킵니다. 마음이 잘못 작동하는 거죠. 그것을 '마음의 오작동'이라고 합시다.

인간은 골프 클럽 비슷한 물건을 많이 다뤄보긴 했지만, 그것들을 휘둘러서 그토록 멀리 물체를 날려 보내 본 경험은 인류의 역사상 없었습니다. 해본 경험이 없으니 비슷한 운동 정보들을 조합해서 '이렇게 하면 되겠지'라고 자기 멋대로 설계하기 때문에 실제 해야할 운동과 괴리가 생겨 버리는 거죠. 옳든 그르든 그런 '마음의 오작동'은 유전자 속에 녹아있는 운동 정보(業)로부터 오기도 하고 이제까지 살면서 경험했던 운동 정보(習)들로부터 오기도 합니다. 어차피 중생들은 업습(業習)의 인과 속에 있는 거죠.

마음이 시키는 운동(공을 치는 동작)과 해야 할 운동(빈 스윙을 통해 익힌 편하고 자연스러운 스윙) 사이의 갈등이 바로 스윙은 쉬운데 샷이 어려워지는 이유이고, 모든 미스 샷의 원인인 겁니다. 잘못된 샷의 배후에는 '마음의 오작동'이라는 깊은 원인이 똬리를 틀고 있다는 겁니다.

잘못된 샷

잘못된 샷은 공의 잘못된 운동이자 골퍼의 의도를 배반한 공의 비행이겠죠. 공의 잘못된 비행은 잘못된 클럽 운동으로부터 기인할 겁니다. 그러니 잘못된 샷의 원인을 클럽페이스의 각도나 궤도의 변화에서 찾는 거죠. 그리고 그런 잘못된 클럽 운동의 원인은 당연히 잘못된 몸동작입니다. 그래서 뭔가 잘못된 샷이 나오면 그것을 '동작의 오류'라고 보고 동작을 교정하고 치료하기에 급급합니다. 하지만 고쳐 놓아도 오류는 또 나타나고 치유해도 또 재발하죠. 그러니 그런 동작의 오류를 원천적으로 차단하기 위해서 초보자들은 마치 거푸집에 쇳물을 부어 형태를 찍어낸 특정 스윙을 익혀야 한다고 생각합니다. 그래서 초보자들의 골프 공부는 첫날부터 고행이 되어버립니다. 공의 잘못된 비행을 확인하기 위한 장비, 클럽의 잘못된 운동을 보기 위한 장비, 잘못된 동작을 자세히 보기 위한 노력 등 고성능 센서와 고속카메라를 동원하여 잘못된 동작을 수정하려고 합니다. 이상적인 동작이 있다고 생각하는 거죠. 그 이상적인 동작을 못하는 것이 우리의 죄거나 비극이고, 시키는 대로만 하면 똑바로 멀리 가는 공을 칠 수 있다는 꿈으로 레슨을 하는 겁니다. 이상과 현실,

선과 악, 인간과 신처럼 이분법적인 사고… 마치 시지프스의 신화를 보고 있는 듯합니다.

공 앞에만 서면 울컥 나타나는 잘못된 동작을 끊임없이 교정해서 마음의 오작동을 고치는 것도 하나의 레슨 방법이 될 수는 있습니다. 하지만 좀 이상하지 않나요? 공이 없으면 너무나도 잘하고, 잘할 수 있는 동작이며 그다지 복잡하거나 어렵지도 않은데, 유독 공 앞에서만 안 되는 원인을 찾지 않고 멀쩡한 몸만 괴롭히는 것이 어이없지 않나요? 물론 동작의 교정을 통해 마음의 오작동을 교정하는 것도 가능할 수는 있습니다. 프로들의 연습량 정도라면 말이죠. 프로들은 워낙 연습을 오랫동안, 아마추어와는 차원이 다른 수준으로 많이 하니 그런 접근도 유용할 수 있습니다. 무의식에 각인되고 잠재의식을 뒤집을 만큼의 반복을 하기 때문이죠. 그렇지만 아마추어들에게 이런 방식은 불가능한 접근입니다.

저는 '동작의 오류'의 배후에 '마음의 오작동'이 있다는 관점을 견지하면서 수강생들의 스윙을 교정하고 병적 증세를 치유해왔습니다. 미스 샷의 원인 뒤에 있는, 더 깊은 원인을 들여다보면서 레슨을 해

왔던 거죠. 그런 노력을 꾸준히 하다 보니 '마음의 오작동'에도 어떤 패턴이 존재한다는 것을 알게 되었습니다. 제가 발견한 마음의 오작동 패턴은 일곱 가지입니다. 잘못된 직관적 운동 즉, 마음의 오작동을 고쳐주면 동작의 오류는 신기하게도 스스로 교정됩니다. 이는 연습장뿐만 아니라 실전에서도 유용한 팁이 됩니다. 좋은 선생이란 어쩌면 '마음의 오작동을 발견하고 고쳐주는 사람'이라고 이야기할 수 있겠습니다. 마음의 오작동의 숨겨진 정체는 사실 '두려움'입니다. 무의식적인 마음의 작동에 거스르는 운동으로는 원하는 방향으로 공을 보낼 수도 없고, 원하는 만큼의 거리를 담보할 수 없을 것이라는 두려움인 거죠. 우선 그런 마음이 잘못 작동하고 있다는 것을 충분히 이해하고 두려움을 없앨 '새로운 운동 경험'을 하면 잘못된 동작은 눈 녹듯 사라집니다. 동작의 오류를 그 자체로 수정하는 일이 일종의 '서구식 대증요법'이라면 마음의 오작동을 치유하는 레슨은 근원적으로 병증을 치유하는 '한의학적인 접근'이 되는 셈입니다. 그럼 일곱 가지 마음의 오작동을 알아볼까요?

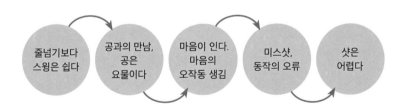

직진착각

● 공을 놓고 클럽페이스처럼 평면이 있는 아무 물건(예를 들면 책, 핸드폰)을 주며 '이 도구를 이용해서 공을 똑바로 목표 지점까지 보내보시오'라고 하면 백이면 백 모두 공이 굴러갈 가상의 선에 수직으로 도구를 움직입니다. 아무도 그렇게 하라고 하지 않았음에도 그렇게 하죠. 다른 운동을 상상하지 못합니다. 이게 바로 마음의 오작동입니다. 공을 똑바로 보내기 위해서는 클럽페이스가 공의 날아갈 가상의 방향에 대해 수직으로 움직여야 한다는 직관적인 판단이 우리의 유전자 속에 있고, 그 판단이 우리의 운동을 지배합니다.

빈 스윙을 해보면 클럽페이스는 어느 순간 스퀘어가 됩니다. 하지만 그 순간은 고속카메라로도 잡기 어려운 찰나의 순간이죠. 그

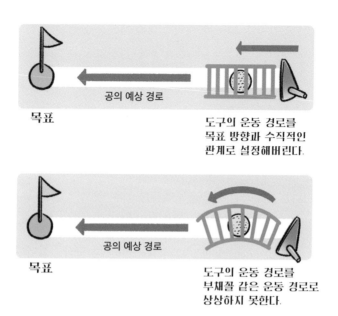

목표

공의 예상 경로

도구의 운동 경로를
목표 방향과 수직적인
관계로 설정해버린다.

목표

공의 예상 경로

도구의 운동 경로를
부채꼴 같은 운동 경로로
상상하지 못한다.

어떤 구간에서도 클럽페이스는 가상의 비구선에 대해 수직적으로 움직이지 않습니다. 급격한가, 급격하지 않은가의 차이가 있기는 하지만 클럽페이스는 부채꼴 모양으로 열림과 닫힘의 연속된 과정에 있습니다. 그런 '클럽페이스의 회전'을 만드는 손과 팔의 운동을 '로테이션 동작'이라 합니다.

'직진착각'이라는 마음의 오작동은 클럽페이스의 운동을 통제하려 듭니다. 그래서 공이 없는 상태의 빈 스윙처럼 자연스러운 스윙이 되지 않고, 이상하고 억지스러운 동작을 하게 되는 것입니다. 골프와 유사하게 타격 도구의 페이스가 부채꼴로 움직여 직진성 구질을 만드는 테니스, 탁구, 야구 등의 운동 경험이 많은 사람은 직진착각이라는 마음의 오작동을 쉬이 극복합니다. 클럽페이스를 비구 방향에 대해 수직으로 움직이려는 의지는 사실, 저속운동에서는 나름의 타당성이 있을 수도 있습니다. 퍼팅이나 치핑같은 운동 말이죠(심지어 퍼팅에서도 마음의 오작동이 퍼팅을 어렵게 만드는 주범이라 생각합니다). 그렇지만 고속운동에서는 전혀 쓸모가 없습니다. 눈으로 공이 굴러가는 것이 잘 보이는 저속운동의 경험과 상상을 눈으로 공을 좇기 힘든 고속운동에 적용하려는 마음의 오작동입니다. 직진착각이라는 마음의 병은 공이 똑바로 날아가지 않을 것 같은 두려움입니다. 그 두려움은 결국 슬라이스를 만들죠. 똑바로 보내려고 클럽페이스의 운동을 통제하는 동안, 헤드 스피드는 줄어들고 체중이 이동하면서 몸이 돌기 때문이죠. 이런 마음의 오작동에 의한 왜곡된 동작은 비단 골프에서만 나타나는 것은 아닙니다. 탁구나 테니스도 초보자들은 라켓 페이스를 돌리지 못하고 공이 가는 방향으로 밀듯이 움직입니다. 그러고 보면 운동 초보의 성장 과정에서 꼭 거치고 넘어가는 관문 같기도 합니다. 하지만 다른 운동은 마음의 오작동을 쉬이 극복하는 반면, 골프는 평생의 병이 되는 수가 많습니다. 마음의 오작동을 고치지 않고 공을 똑바로 보내는 것에만 집중하면서 클럽페이스를 닫거나, 훅 스탠스로 서거나, 그립을 훅 그립으로 잡는 등 다양한 시도를 거듭하며 심각한 2차 병증들을 유발합니다. 직진착각이라는 마음의 병에 걸린 사람은 빈 스윙과 피니쉬가 정말 딴판으로 나타납니다. 아니, 피니쉬가 잘 안 됩니다. 같은 사람인가 싶을 만큼 다른 운동을 하며 이러려면 빈 스윙은 왜 했나 싶을 정도입니다. '치킨 윙' 현상도 사실 직진착각에서 비롯된 오작동입니다.

직진착각은 마음의 오작동 중에서도 가장 심각하고 광범위하게 나타나는 병증입니다. 그리고 초기에 이런 현상을 이해하지 못한 채 습관이 되어버린 골퍼들은 평생을 이 병증과 싸워야 합니다. 완치란 없는 것 같습니다. 저만 하더라도 골프 친지 벌써 30년이 되었는데 아직도 가끔 슬라이스가 나니까요. 고쳤다 싶어도 컨디션이 좋지 않거나 긴장된 상황이 되면 어김없이 다시 나타납니다. 정말 뿌리가 깊어서 감기라 여기고 살아야 합니다. 나쁜 젓가락질 고치는 것이 어려운 것과 같은 이치입니다. 젓가락질을 다 고쳤다 싶어도 경쟁적으로 빨리 반찬을 먹어야 하는 마음이 급한 상황에서는 어김없이 옛날 젓가락질이 나오고 마니까요.

때리기 혹은 망치질

● 스윙은 휘두르기입니다. 때리기와 휘두르기는 전혀 다른 운동이죠. 휘두르기는 헤드 스피드를 높이려는 운동이고, 때리기는 파워를 올리고자 하는 운동입니다. 젖은 손수건을 들었다 생각하면서 물을 터는 시늉을 해보고, 망치를 들었다고 생각하며 못을 박는 시늉을 해보면 전혀 다른 운동임을 쉽게 느낍니다. 실제로 손수건 털기와 망치질을 해보면 더 직관적으로 느낄 수 있습니다.

대부분 사람은 골프 클럽을 드는 순간 공을 때려서(망치질) 멀리 보내려는 마음의

오작동을 시작합니다. 골프 클럽은 가볍습니다. 드라이버는 300g 내외이고, 아이언은 불과 400g에 불과합니다. 처음 들어보면 가뿐하고 만만하죠. 마치 가벼운 망치를 든 듯한 느낌입니다. 인간의 잠재의식은 클럽을 드는 순간 그 클럽으로 '공을 멀리 보내려면 더 세게 때리면 되겠다'라고 운동 설계를 해버리는 겁니다. 정지 상태에서 골프 클럽은 가볍지만, 운동 상황이 되면 골프 클럽은 수십kg짜리 흉기가 됩니다. 이런 도구를 들고 클럽페이스를 통제하거나 때리는 운동을 하는 건 그 자체로 굉장히 어렵고, 몸에 엄청난 무리가 따릅니다. 그럼에도 인간은 끊임없이 정적인 상태의 도구가 주는 인상에서 벗어나지 못한 채 동적인 상태의 인상에 대한 움직임을 적용하려 듭니다. '휘둘러야 한다'는 마음이 '망치질을 해야겠다'는 마음으로 바뀌는 순간 헤드 스피드는 현저히 줄어듭니다. 거리가 생각한 만큼 나오지 않으니 힘을 더 쓰게 됩니다. 악순환이 반복되는 거죠. 아마 추어들을 가르쳐 보면 정말 이 욕구가 뿌리 깊다는 것을 알 수 있습니다. 고쳐졌다 싶다가도 또다시 나타납니다. 공을 칠 때 피니쉬가 잘 안 되거나 어색한 사람이라면 거의 때리기를 하고 있거나 휘두르기 속에 때리기(망치질)의 요소가 많이 남은 사람이라 보면 됩니다. 직진착각과 때리기 혹은 망치질이 합쳐지면 더 비극적입니다. 스윙 모양은 왜곡되고 거리는 늘지 않으며 구질은 불안정하죠. 물론 몸도 여기저기 탈이 많이 나고요.

좋은 임팩트는 터는 동작입니다. 힘을 주는 과정이 아니라 힘을 빼는 과정인 거죠. 그런데 공을 멀리 보내고 싶은 욕구는 끊임없이 다른 임팩트 동작을 추가로 만들기 위해 힘을 주게 합니다. 임팩트는 신기루 같은 겁니다. 임팩트는 내 의지로 억지스럽게 만들 수 없는 찰나의 순간이지, 만들려고 해서 만들어지는 것이 아닙니다. 잘 털고 지나갔을 때 결과적으로 손을 타고 올라오는 오묘한 느낌, 그것이 임팩트입니다. '힘을 뺐더니 거리가 더 늘었네?'라는 느낌의 실체가 바로 그것입니다. 때리기 혹은 망치질과 직진착각은 동전의 양면과 같은 마음의 오작동입니다. 효율적인 스윙과 비효율적인 스윙, 상급자의 스윙과 하급자의 스윙을 나누는 지점이 바로 '스윙에 터는 느낌이 있는지'라고 봐도 무방합니다. 좋은 스윙은 휘두르기인데 거기다 약간의 터는 느낌이 더해지면 거의 완성된 스윙, 경지에 이른 스윙이라고 저는 생각합니다.

작은 근육 쓰기, 상체 쓰기

● 앞에서 이야기한 바와 같이 정지 상태의 클럽은 가볍고 만만합니다. 그래서 사람은 자꾸 작은 근육으로 클럽을 어떻게 해보고자 합니다. 지면 반력을 이용하거나 허벅지나 엉덩이, 허리에 이르는 큰 근육들을 사용하면 쉽게 멀리 공을 보낼 수 있음에도 불구하고 손, 팔, 어깨 등 그다지 근육도 없고 힘도 없는 곳의 동력을 활용해서 샷을 하려고 듭니다. 골프 클럽이 작은 망치라는 인식을 지우지 못하는 겁니다. 못에 망치질할 때 쓰는 근육과 큰 나무 옆구리에 도끼질할 때 쓰는 근육을 한번 떠올려 보세요. 쓰는 근육도 다르지만, 모양새도 전혀 다릅니다. 도끼를 들고 망치질을 하지 않는 것처럼 망치를 들고 도끼질을 하지도 않죠. 이런 마음의 오작동 상태에서는 체중 이동도 필요 없다고 생각하게 되어 클럽을 작위적으로 움직이

본인의 의지는 공과 클럽을
수직으로 맞추고자 한다.

클럽페이스를 상당히 닫아서(Close)
맞는 듯 상상하고 쳐야.

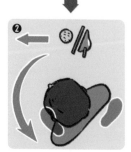

그렇지만 몸이 회전하고 있어서
실제로는 클럽페이스가 열려(Open)
맞는다.

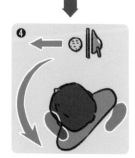

수직으로 맞는다.

려 덤빕니다. 잔 근육과 상체를 많이 쓰다 보니 비거리도 빈약하고
스윙의 일관성을 확보하는 데 그만큼 노력이 더 필요한 거죠. 상체
를 많이 쓰는 사람은 피니쉬 상태에서 머리가 공이 날아가는 쪽으로
많이 이동해있습니다. 상체를 쓰면서 갔으니 어쩔 수 없는 결과입니
다. 이때 무리하게 머리 위치를 교정하려고 하면 목 디스크가 올 수
있습니다. 그런 이유로 골프의 대가들이나 레슨의 대가들은 무거운

물건으로 스윙 연습을 많이 하라고 가르칩니다. 도끼를 들고 망치질을 할 엄두를 못 낼 테니, 도끼만큼의 무게를 갖는 연습도구로 스윙 연습을 하면 망치질 스윙이 애초에 성립할 수 없겠죠.

공과 클럽의 스퀘어 타이밍에 대한
오해, 타이밍 착각

● 휴지통에 휴지를 던져 넣으려면 휴지통을 목표로 보고 그냥 던지면 됩니다. 그런데 걸어가면서 휴지를 던져 넣으려면 어디를 보고 던져야 할까요? 걸어가는 방향에서 휴지통에 도달하기 전 위치를 보고 던져야 들어갈 겁니다. 뛰면서 던진다면 그보다 더 뒤에 떨어뜨린다는 기분으로 던져야 겨우 들어갈 것이고요. 가만히 서서 던지는 것보다 걸어가면서 던지는 것이 어려운 이유는 사람들이 몸의 움직이는 속도를 잘 계산하지 못하기 때문입니다.

골프 스윙에서도 이와 비슷한 착각과 오해가 발생합니다. 스윙은 체중이 이동하면서 몸이 회전하는 운동입니다. 팔은 상하운동을 하고 몸은 회전운동을 하면서 기울어진 스윙 평면이 만들어지는 거죠. 골프는 상당히 정적인 운동으로 보이지만 샷을 하는 그 순간은 그렇지 않습니다. 백 스윙의 탑에서 공에 이르는 시간은 0.2~0.3초 되는 찰나입니다. 사람은 자신의 몸이 회전하고 있다는 사실을 망각한 채 끊임없이 공에 스퀘어를 맞추려 듭니다. 몸이 회전하고 있기 때문에 클럽페이스가 상당히 닫힌 상태에서 공과 만난다 싶어야 비로소 스퀘어가 되는 것인데 미처 거기까지 계산하지 못하는 마음의 오작동을 좀처럼 넘어서지 못합니다. 그 결과는 슬라이스로 나타나죠.

그네를 굴러주는(힘을 쓰는) 타이밍에 대한 오해, 구름 착각

● 스윙은 그네 운동과 발 구르기의 관계로 이해하면 쉬운데, 그네를 구르는 타이밍을 생각해보세요. 어디서 구릅니까? 정점에 이르렀다가 반대 방향으로 전환되기 시작하는 바로 그 지점에서 구르지 않나요? 스윙 동작도 바로 그 지점에서 힘을 써야 하고, 구름을 통해 몸의 중앙보다 오른쪽에 물을 터는 듯한 느낌이 들 때 공이 있는 근처에서 최대 스피드가 확보되어 굿 샷이 되는 겁니다. 아마추어들은 공이 있는 근처에서 힘을 쓰려고 덤벼요. 공에다 순간적인 힘을 작동시키려 하는 거죠. 어떤 특별한 순간에 굉장한 샷을 만들어 낼수는 있어요. 어쩌다 기막힌 비거리나 빛나는 방향성을 발견할 수도 있고요. 그렇지만 그런 일은 늘 반복되지 않습니다. 일관성의 확보는 몹시 어렵기에 매번 찰나의 순간을 다시 재현해낸다는 것은 불

가능에 가깝습니다. 세상에서 가장 일관된 운동은 진자 운동입니다. 진자 운동의 핵심 에너지는 중력이지요. 중력에 의한 운동인 그네 운동을 기본으로 하고 그것을 슬쩍 굴러주는 것이 골프 스윙입니다. 저는 수강생들에게 끝없이 따라 하게 합니다. '골프 스윙은 내 힘만으로 하는 것이 아니다. 중력의 도움으로, 지구가 도와줘서 가능한 거다'라고요.

찰나의 근육 작동 요령을 익혀서 샷을 더 멋지게 만든다는 발상은 프로의 세계라면 가능할지도 몰라요(저는 그것도 반대하지만요). 하지만 아마추어의 세계에서는 절대로 도전하면 안 되는 일입니다. 그네는 정점에서 한 번 구르고 나면 그다음은 사실 끝입니다. 더 어떻게 할 수가 없잖아요. 그냥 궤도를 따라 흘러갈 뿐이지요. 스윙도 똑같습니다. 백 스윙 탑에 올랐다가 온몸으로 슬쩍 굴러주고 나면 임팩트를 지나 피니쉬까지 물 흐르듯 흘러가는 수밖에 없어요. 진자 운동에 가까우면 가까울수록 일관성의 확보는 쉽습니다. 그네 운동을 보면 손가락 하나로 살짝만 밀어도 엄청난 스피드를 얻게 되잖아요. 스윙 연습을 할 때나 샷을 할 때 그네와 그네를 굴러주는 타이밍을 떠올리면서 해야 합니다.

수직 착각

● 골프 스윙을 보면 몸은 척추 각도가 숙어지는 만큼만 기울어진 채 거의 수평적인 회전운동을 하고 있고, 팔은 상하운동을 합니다. 수평과 수직의 운동이 만나서 대각선 사면을 만들고 그것이 기울어진 스윙 평면이 되는 겁니다. 그런 궤도 운동으로 바닥에 놓인 공을 쳐서 날려 보내는 운동이 골프의 샷인 거죠. 몸통운동만 보면 야구의 타격 자세나 탁구의 스매시 동작과 흡사합니다. 그런데 골프는 공이 바닥에 놓여있다는 사실 때문에 마음의 오작동을 불러일으킵니다. 골프 스윙을 거의 수직 회전운동이라 느끼면서 몸도 수직 회전을 하려는 거예요. 사실은 앞에 있는 공을 친다는 감각이 더 정확한 것인데 밑에 있는 공을 친다는 감각이 작동하는 거죠. 이런 수직 착각이 있는 분들은 백 스윙 때 골반이 밀리거나, 팔 관절이 과다하

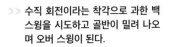

수직 회전이라는 착각으로 과한 백
스윙을 시도하고 골반이 밀려 나오
며 오버 스윙이 된다.

게 굽어지거나, 오버 스윙, 역 체중 등 여러 가지 병증으로 나타납니다. 마치 수직으로 서 있는 커다란 자동차 핸들 같은 것을 돌리는 듯한 동작처럼 보입니다. 스윙은 수평적인 회전운동입니다. 회전운동을 할 때는 쉽게 온몸의 큰 근육을 자연스럽게 잘 쓸 수 있습니다. 스윙을 수직 운동으로 보면 힘을 쓸 수 있는 근육이 팔 근육 이외에는 별로 없어요. 아니면 주저앉는 동작이 있을 수 있죠. 그래서 이런 마음의 오작동을 가진 분들이 다운스윙에서 주저앉는 듯한 동작을 자주 보입니다.

시(視)편차

골프는 목표선에 대해 평행으로 서서 공을 옆에서 치는 운동입니다. 그래서 만약 공 뒤에 서서 목표를 정면으로 보고 하는 운동이었으면 전혀 문제가 되지 않을 상황이 발생합니다. 그게 바로 시(視)편차의 발생입니다. 사람에 따라 시편차가 적을 수도, 상당히 심할 수도 있습니다. 실험해보면 그 정도를 쉽게 알 수 있는데요, 얇고 긴 스틱을 들고서 목표를 정하고 셋업을 한 후에 자신이 목표를 향해 잘 섰다고 생각할 때 들고 있던 스틱을 바닥에 놓아봅니다. 그리고 그 스틱이 목표를 향해 잘 놓였는지 미세 조정도 해본 후, 공의 뒤로 와서 과연 목표 방향과 일치하는지 확인해보면 됩니다. 대개 많은 아마추어는 목표보다 오른쪽을 향해 스틱을 놓습니다. 몇 번을 반복해보면 또렷한 편차가 존재한다는 것을 알 수 있습니다. 심지어 3m

정도의 짧은 퍼팅에서도 편차는 존재합니다. 시편차를 극복하려면 시편차를 인정하고 오조준하는 방법이나 교정 훈련을 해야 합니다. 그렇지 않으면 잘 치고도 공이 엉뚱한 방향으로 가거나, 선 자리의 어색함이 앙금처럼 남아서 미스 샷의 원인이 되고 맙니다.

시편차가 발생하는 이유는 잔디에서의 연습이 아니라 연습장의 타석이라는 특수한 환경에서 해온 연습이 낳은 병증이라고 봅니다. 타석에는 안내선이 많죠. 그러다 보니 아무런 조준 과정 없이 선에 맞추어 무의식적으로 셋업하기 때문에 편차를 확인하고 극복하는 자연스러운 과정이 생략된 거죠. 그래서 요즘은 안내선이 없는 원형 매트가 연습장에 도입되고 있기도 합니다.

공 뒤에서 정확히 방향을
확인하고, 핀을 향해 반듯하게
셋업한 후 다시 핀을 보면

목표 방향보다 상당히 왼쪽을 보고
있는 느낌이 든다. 그래서 아마추어들은
오른쪽으로 슬금슬금 돌아선다.

목표는 아무 생각 없는 스윙 만들기

○─────────────────────────────○

● 앞에서 나열한 일곱 가지 마음의 오작동이 쉬운 스윙을 어렵게 만들고, 잘못된 동작을 만들어 내는 주범입니다. 저는 5천 명 이상의 골퍼를 직접 가르치고 30만 골퍼에게 행복한 골프로 가는 길을 제시하면서 이런 마음의 오작동들과 싸웠습니다. 세상에서 가장 쉽고 빠르게 그리고 재미있게 골프를 가르치며 수많은 골프의 병증을 즉각적이고도 효과적으로 치료해왔지요.

골프라는 운동, 몸놀림을 가르치기 전에 '동작의 오류 뒤에는 마음의 오작동이 있으며 그것이 동작의 오류를 만들어 내는 주범이다'라는 것만 이해하면 골프를 가르치는 데에 새로운 지평이 열릴 겁니다. 이런 패러다임을 선생 스스로 충분히 공감하면서 수강생들에게 이해시키고 체험하게 하면 수강생들은 스스로 병을 고치는 능력이 생기고, 초보자라 할지라도 자신이 원하는 구질을 만들면서 골프를 즐길 수 있습니다. 어쩌면 골프를 업으로 하고자 하는 여러분도 골프의 즐거움을 다시 느끼게 될지도 모르겠습니다.

배움과 가르침은 끝없는 연쇄 작용

프로들, 골프를 가르칠 실력이 되는 사람들은 많은 연습과 시행착오를 통해 '하고자 하는 동작(공을 멀리 보내기 위해 머리가 계산한 움직임)'과 '해야 하는 동작(연습해온 스윙)' 사이 갈등의 고비들을 훌쩍 넘은 사람들입니다. 당시의 성장통은 컸을 테지만 많은 연습량과 절대 시간의 투입으로 고비를 넘는다는 인식도 없이 마음의 오작동을 넘어 자신만의 경지에 도달했을 겁니다. 그렇지만 아마추어들에게 마음의 오작동은 '평생의 지병'으로 함께합니다. 투입된 절대 시간이 적어서 생기는 원죄 같은 것이죠. 마음의 오작동은 어느 하나가 유독 강하게 나타나기도, 몇 개의 오류가 합병증으로 나타나기도 합니다. 그래도 원인을 알고 나면 그 고통이 그리 크지 않고, 바로 조치할 수 있기에 실수가 또 다른 실수로 이어질 확률도 현저히 줄어들지요. 원인을 제대로 아는 것, 행복한 골프에 이르는 첨경입니다.

버려야 할 마음, 탐진치(貪瞋痴)

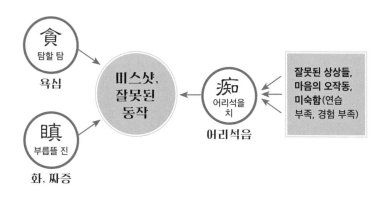

빈 스윙은 쉬운데 공을 보면 마음이 일고, 그것이 원인이 되어 미스 샷을 유발합니다. 많은 사람이 '빈 스윙처럼 왜 안 될까?' 하소연하지만, 사실 '빈 스윙처럼 샷을 할 수 있는가?'는 골프의 핵심적인 고민이고, 그 싸움이 골프의 본질인 거죠. 잘못된 동작을 일으키는 마음의 작동은 크게 3개의 범주로 구분할 수 있습니다. 바로 욕심, 화와 짜증 그리고 어리석음입니다. 이것은 불교에서 깨달음이나 공부를 방해하는 세 가지 독, 삼독(三毒)이라 일컫는 탐진치(貪瞋痴)와 같습니다. 더 멀리, 더 똑바로, 더 멋있게…. 욕심이 들어가면 빈 스윙처럼 물 흐르듯 유연한 스윙이 안 되고, 타인에게든 자신에게든 화가 나면 스윙이 흐트러지며, '골프장이 왜 이래', '캐디가 왜 이래' 하면서 짜증이 나면 골프가 망가집니다. 그리고 앞에서 이야기한 일곱 가지 마음의 오작동에서 벗어나지 못하는 것, 그 자체가 바로 어

리석은 겁니다. 해야 할 일은 놔두고 본능이 시키는 대로 계속하는
것, 그래서 실수를 거듭하고 불행을 자초하는 것. 그게 어리석은 거
죠. 그리고 잘못된 이미지를 갖는 것도 어리석으며 경험 부족이나
연습 부족으로 인한 미숙함도 크게 보면 어리석음이라 이야기할 수
있겠죠. 노력하지 않고 더 나은 결과를 바란다는 것은 바보인 거죠.

병이 많은 운동, 골프

골프 치는 사람 대부분은 스스로 환자라고 생각합니다. 몸 때문
에 생긴 병도 있고, 마음의 작용으로 생긴 병도 있는데, 한번 병이 들
면 쉬이 치료되지 않아 불치병 수준으로 발전하기도 하며 거의 병과
더불어 살게 되기 때문이죠. 골프 좀 안 된다고 죽고 못 살 일도 아
니지만, 억울하고, 화나고, 자신에게 실망스러운 마음에 속상해서 병
이 번집니다.

골프에서의 여러 가지 문제를 이렇게 '병증'이라 본다면 레슨 프
로나 티칭 프로들을 의사나 약사로 비교할 수 있겠죠. 그러면 환자
인 골퍼의 병을 치료한다는 것과 약, 처방은 무엇일까요? 아픈 사람
에게 병의 원인을 설명하고 충분히 이해시키면서 수술하고, 치료하
며 어떤 약을 얼마나 먹고, 얼마나 노력해야 병증이 해결 혹은 호전
될 것이라는 알려주는 것 아닐까요?

작금의 골프 레슨에서 쓰는 약이란 고작 동작의 오류를 지적하는 '지적질'밖에 없습니다. 이상적인 스윙이라는 가상의 동영상을 찍어 놓고 그것과 다른 동작들을 지적하는 거죠. 그 지적에 맞춰 이상적인 스윙 동작을 따라 하면 언젠가는 병증이 호전될 것이라고 막연히 믿고 있어요. 요즘 스윙과 구질 분석 장비가 고도로 발달해 있지만 결국, 더욱 꼼꼼하고 자상하게 지적하는 용도로 쓰이고 있을 뿐입니다. '지적질 레슨'이 연습장과 방송, 인터넷에 난무하면서 생각 가득한 스윙이 골프를 지배하고 있습니다. 지적이 넘치는 세상을 살다 보니 지적이 내면화되고 결국은 자신에게 지적을 해대는 셀프 디스를 시작하고, 지적질이 없으면 오히려 불안해지는 지경에 이르기도 합니다.

골프에서 치유나 수술은 잘못된 동작 발생원인이 마음에 있음을 충분히 설명해주면서 새로운 운동 경험을 시켜주는 과정이고, 그 동작을 충분히 몸에 익힐 수 있도록 과제 즉 약을 처방해주는 것입니다. 사람은 새로운 운동 경험을 통해서 지금까지와는 전혀 다른 마음의 작용을 알게 되고, 운동에 대한 새로운 인식 체계를 갖게 됩니다.

이런 병을 고칠 약은 잘못된 습관을 고칠 수 있는 연습도구고, 처방은 그 도구를 활용하는 방법, 연습의 빈도, 연습의 총량 제시여야 합니다. '지적질'식 레슨은 모르핀 주사처럼 즉각적인 효과를 줄지 모르지만, 결국은 운동을 더욱 복잡하게 만들고 '생각이 가득한 스윙'을 만들고 맙니다. 생각이 가득한 스윙은 샷에 대한 집중력이나 공에 대한 집중력, 목표에 대한 몰입도를 현저히 떨어뜨리죠. 게다가 그런 지적이나 지침이 한두 개면 모르겠지만, 세월이 지나고 선생을 한 명, 두 명 거치다 보면 점점 쌓이기 때문에 각각의 지적이 서로 상충하고 모순되기도 하면서 운동 수행은 더욱 난해해지고 몸은 괴로워집니다.

문제를 제대로 해결하기 위해서 선생은 수강생이 해야 할 운동과 하고 싶은 운동 사이의 갈등을 알아차리게 하고, 그로 인해 잘못된 동작이 나오는 메커니즘을 충분히 설명합니다(치유). 그 후 새로운 운동을 경험시키고(치료, 수술), 그 새로운 운동을 반복하여 몸에

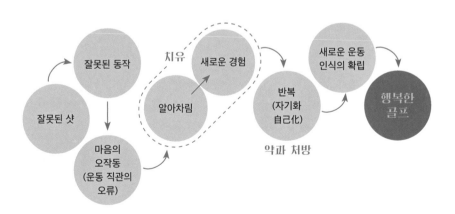

익히게 하면(약과 처방) 샷이 쉬워지고 오류는 현저히 줄어듭니다. 이것이 제가 레슨 현장에서 수많은 아마추어와 함께 동고동락하며 확립한 레슨 시스템입니다. 핵심은 마음의 오작동을 알아차리게 돕고, 새로운 운동 경험을 공유하는 겁니다.

5장

몸은 골프 스윙을
싫어해

골프는 좋은 운동,
스윙과 샷은 해로운 운동

● 자전거 타기, 수영, 줄넘기… 다른 운동은 몇 년을 하다가 다시 해도 웬만큼 할 수 있습니다. 그런데 골프 스윙은 아무리 프로라도 몇 년 쉬고 나면 터무니없이 서툴러집니다. 현대 골프의 아버지, 벤 호건이 이야기했습니다. "연습을 하루 게을리하면 몸이 알고, 이틀 게을리하면 스코어가 알고, 사흘을 게을리하면 갤러리들이 안다."라고. 아마추어들은 몇 개월 쉬었다가 다시 하려 하면 완전 처음부터 다시 하는 듯한 어색함이 밀려옵니다. 왜 그럴까요? 왜 유독 골프 스윙에만 몸의 기억은 제 기능을 못 하는 걸까요? 어제까지만 해도 연습장에서 잘 되었는데 오늘은 또 잘 안 되는 이유요? 실험한 것은 아니지만 제가 골프 교육 현장에서 내린 결론은 골프 스윙에 대한 '망각 회로'가 작동하고 있다는 겁니다. 무슨 소리냐 싶으시죠? 인간

의 뇌는 철저히 몸을 보호하는 쪽으로 작동합니다. 자동적인 장치가 내재해있는 겁니다. 인간의 기억도 그렇게 작동합니다. 자신에게 불리하거나 자신을 괴롭히는 기억들은 아예 지워버리거나 완전히 다르게 각색해서 기억합니다. 일종의 편집 과정을 거치는 거죠. 라운드를 시작하기 전에 충분히 몸을 풀어보세요. 몸을 풀어서 평소의 기억을 되살리지 않으면 전반 내내 이상한 샷을 하게 되는 것도 어쩌면 당연한 일입니다.

몸은 되도록 몸에 해로운 운동을 하지 말라고 시킵니다. 사람의 몸은 비틀림에 대단히 취약해서 아무리 튼튼한 몸을 가지고 있더라도 골프 스윙을 무리하게 하면 꼭 탈이 납니다. 웨이트 트레이닝을 오래 하고, 청계산을 일주일에 세 번 이상 오르던 수강생도 몸에 탈이 나더군요. 격투기 중계를 떠올려 보세요. 피가 나고 깨져도 항복하지 않는데, 비틀기에는 맥없이 항복을 선언합니다. 골프 스윙을 해보면 발목과 무릎, 고관절의 비정상적인 비틀림이 발생하기 때문에 몸의 입장에서는 '도대체 왜 이런 무리한 동작을 계속하는 거야. 하지 마.'라는 명령을 내립니다. 게다가 임팩트 순간에는 순간적으로 굉장한 충격이 팔과 손목에 가해집니다. 몸은 '너 그러다가 팔 빠지니까 하지 마!'라고 비명을 지르고 있는 겁니다. 몸에 도움이 되는 동작은 쉽게 기억하고, 오래 기억하지만, 건강에 아무 도움이 안 되는 동작은 빨리 지워 없애려 하겠죠. 그래서 골프 스윙은 기억에 잘

남지 않는 겁니다. 몸을 지키려는 방어기제(자신의 몸을 보호하고자 는 기제)와 운동을 잊게 하려는 망각 회로가 작동하고 있다고 봐야 합니다.

　이것이 공을 치기보다 빈 스윙을 많이 해야 하는 이유기도 합니다. 빈 스윙은 그나마 무리한 몸놀림이 덜하고 충격이 작습니다. 공을 칠 때만큼 과격하지 않기에 서서히 관절의 가동범위를 넓혀 줍니다. 천천히 완전한 동작을 익혀가는 것이지요. 스윙에서 터는 느낌을 더하는 일도 그리 쉽지 않습니다. 의지가 없어서 못 하는 것이 아니라 클럽을 털면 안 된다는 몸의 방어기제가 작동하고 있고, 이 방어기제와의 기나긴 싸움이기에 어려운 겁니다. 실제로 그렇습니다. 순간적으로 30kg에 가까운 무게가 손목과 팔꿈치에 가해집니다. 어깨에도 가해지지만, 어깨에는 상당량의 근육이 있고 또 이미 손목과 팔꿈치에서 충격을 흡수하고 난 다음이라 부상이 덜합니다. 손목이나 팔꿈치 부분에서 상당한 정도의 '관절력'이 뒷받침되지 않으면 몸에 상당한 무리가 옵니다. 뼈와 뼈는 완전히 독립된 개체고 뼈 사이를 인대가 연결하며 그 인대를 근육이 둘러싸고 있는 거죠. 손목이나 팔꿈치를 생각하면서 뼈와 뼈 사이를 견디는 힘을 '관절력'이라고 제가 이름을 붙였습니다. 인대는 강화할 수 없기에 관절력을 강화하는 것은 결국, 인대를 둘러싸고 있는 근육을 강화하는 것입니다. 턱걸이와 매달리기 같은 운동이 가장 좋고, 반대 방향으로의 작동이지만 팔굽혀펴기도 좋은 운동입니다. 손의 악력을 키우는 운동도 팔뚝의 힘을 키울 수 있으니 꼭 필요한 운동입니다. 골프를 부상 없이 오래 즐기려면 관절력을 계속 강화하는 수밖에 없습니다. 살살, 조심스럽게 오랜 시간을 두고 접근할 일입니다.

6장

왕초보,
또 초보 가르치기

행복골프 『골프 교본』 활용법

● 골프 클럽을 전혀 잡아보지 않았거나, 잡았다가 어떤 이유로든 때려치우고 다시 시작하기를 반복하는 사람들의 골프를 어떻게 도울지에 대한 이야기를 해보죠. 기본적으로는 행복골프 『골프 교본』을 가지고 교육하면 됩니다. 왕초보가 싱글에 이르기까지 5년의 과정을 설명하지만 그중 앞부분 1년 치인 100타를 깨기까지의 과정이 가장 중요합니다. 앞부분을 잘해놓으면 나머지 과정은 사실 원 포인트 레슨 정도를 겸해 혼자서도 얼마든지 할 수 있습니다. 첫 1년은 정말 어린 아이를 교육하는 심정으로 칭찬과 격려를 아끼지 않으면서 정성으로 돌봐야 하는 시기입니다.

『골프 교본』을 함께 보며 우선 교육 목표를 한 달에 며칠 혹은 몇 시간 정도 스크린골프 게임을 하겠다는 목표를 공유해야 합니다. 일주일에 2~3번 정도 연습장에 가서 1~2시간 정도를 보낸다는 식으로 노력의 정도를 안내하고 촉구해야 합니다. 물론 그보다 더한 노력을 한다거나 그에 못 미치는 노력을 한다면 결과도 상당히 다름을 알려줘야겠죠. 게다가 연습장에 오지 않더라도 집이나 다른 장소에서 골프에 필요한 운동이나 행위를 하루에 적어도 30분 이상 투자해야 한다는 것도 강조해야 합니다.

'첫 주에는 레슨을 2회 하며 풀 스윙을 배운다. 그다음 주에는 퍼팅을, 그다음 주에는 숏게임을 함께 한 후 풀 스윙으로 공을 친다. 마지막으로는 스크린골프 게임을 함께 할 것이다.'라는 설명을 대략 해놓아야 합니다. 물론 당신의 노력 여하에 따라 진도는 더 빨라질 수도 늦어질 수도 있다는 점을 강조해두세요.

사실 세상의 모든 피교육자가 그러하듯 자발적으로 그 정도의 노력을 들인다는 것이 쉽지 않기 때문에 시간과 노력을 투자하게 하는 것이 선생의 첫 번째 능력이라 할 수 있습니다. 그렇게 만들기 위해서는 가르침이 쉬워야 하고, 재미있어야 하며 또 도전하고 싶어야 합니다.

『골프 교본』은 일주일에 한 번 정도 레슨하는 것을 전제로 설계되어 있습니다. 그러니 일주일에 2회 레슨을 진행하는 것을 기준으로 보면 두 달 치의 진도가 한 달 동안 진행되니 이 책의 설명과 『골프 교본』의 진도 내용이 같아집니다. 물론, 가르치면서 자신만의 과정을 다시 디자인해도 무방합니다.

첫째 주:
스윙 만들기

● 30분짜리 레슨 2회를 통해 스윙의 전체적인 모습을 만듭니다. 절대 스윙을 복잡하게 설명하면 안 됩니다.

첫 번째 레슨

'스윙은 배울 것이 없고 다 할 줄 아는 동작의 변형에 불과하다'라는 점을 설명합니다. '스윙은 줄넘기보다 쉽다', '배울 것이 없다', '내가 원래 할 줄 아는 운동이다'를 끊임없이 복창하게 합니다. 스윙 몬스터로 시범을 보이고 따라 하게 합니다. 선생이 하는 것을 보며 흉내 내고 따라 하기를 반복합니다. 운동은 그렇게 배우는 겁니다. 따라 하는 동안 이따금 자세를 잡아 줍니다. 멋진 자세를 만드는 것보다 '스윙 별거 아니네?', '나도 할 수 있겠는데!'라는 자신감이 갖게 하는 것이 핵심입니다. 스윙은 평생에 걸쳐 만들어 가는 겁니다. 그러니 첫날부터 '이거 쉽지 않겠는데?', '몸이 힘드네.' 이런 인상을 주면 향후의 교육이 무척 어려워집니다.

또 당장 공을 치게 할 것이 아니니 첫날 많은 것을 가르칠 필요 없습니다. 퍼팅할 때도 숏게임을 가르칠 때도 스윙하는 것을 봐주면서 갈 것이니 너무 완벽히 할 필요 없습니다. 미리 빈 스윙의 양이 5천 번을 넘겨야 공을 치게 하겠다고 약속을 해놓는 것이 좋습니다. 빈 스윙을 설명하고 가르치는 것은 유튜브 채널 '행복골프TV 김헌의 빈 스윙 라이브'를 보면서 하면 좋은데 완전 초보자들에게는 처음부터 보게 하지는 마세요. 그것도 어렵게 느낄 수 있어요. 한 2주차 정도 되었을 때 보면서 하라고 하면 좋습니다.

25분의 개인 레슨이 끝나면 반드시 숙제를 내줘야 합니다. 하루에 빈 스윙을 300번씩 꼭 해야 한다, 스윙 몬스터를 가지고 하는 것이 가장 좋지만 없다면 편하고 다루기 쉬운 다른 작대기로 해도 된다고 숙제를 내주세요. 여러 번 강조하지만 레슨보다 더 중요한 것은 '숙제'와 '내준 숙제 관리'입니다. 단톡방을 열고 숙제했는지 안 했는지 인증샷을 올리고 빈 스윙 횟수를 기록하며 그룹 속에서 약간의 경쟁의식을 자극하는 것도 좋은 방법입니다. 사람은 경쟁과 보상

속에서 성장하니까요.

두 번째 레슨

3일쯤 지나고 다시 만나는 것이니 빈 스윙은 천 번 가까이 했겠네요. 레슨이 없는 날이라도 빈 스윙을 하러 연습장에 오도록 하고, 왔다 갔다 하는 사이에 짬짬이 도움을 주는 것을 잊지 마세요. 그럼 훌쩍 스윙이 좋아질 겁니다.

두 번째 레슨은 궤도 연습기 속으로 들어가서 궤도를 이해하고 면을 맞춘다는 개념을 이해하는 겁니다. 망치질과 손수건 털기의 차이를 느끼게 해줘도 좋고요. 로테이션 개념을 갖게 하는 것도 필요합니다. 궤도를 익히게 되면 스윙이 한결 편하게 느껴질 겁니다. 궤도가 어느 정도 안정이 된다 싶으면 물을 어디에 털 것인가를 이해시켜야 합니다. 그리고 다시 숙제를 내주는 거죠. '빈 스윙 하루 300번, 그것만이 살길이다'를 강조하고 또 강조해야 합니다. 300번을 달성하면 작은 선물을 주는 것도 방법입니다. 『골프 교본』에 '참 잘했어요' 도장을 찍어주는 것도 당연히 가능하지요.

숙제로 『골프 천재가 된 홍 대리』 읽기를 내주세요. 초보자가 골프를 익혀가는 전 과정이 그림처럼 머릿속에 그려지고 앞으로 어떤 순서와 절차로 골프를 배우게 되는지 설계가 될 겁니다. 뭔가를 배울 때 과정이 그려지고 자신이 어디쯤 와있는지를 이해하는 것이 성인교육에서는 중요합니다. 그리고 『골프 교본』에 있는 '스윙 만들기' 영상을 보는 것도 숙제로 내주세요. 복습의 의미도 있고, 레슨 시간에 미처 다하지 못했던 설명들도 들어있으니까요.

둘째 주:
퍼팅 배우기

● 빈 스윙을 좀 더 가다듬고 퍼팅을 배우고, 퍼팅력 게임까지 안내하는 것이 둘째 주의 핵심 과제입니다.

첫 번째 레슨

우선 빈 스윙을 하면서 자세를 점검하고 스윙의 모양새를 가다듬어 줍니다. 그리고는 바로 퍼팅하는 방법을 알려줍니다. 퍼팅도 어렵게 설명하면 안 됩니다. 기본적인 자세와 그립을 알려주고, 퍼터가 낮게 다녀야 한다는 정도, 진자 운동으로 공을 보낸다는 것과 백 스윙이 작고 팔로우가 커지는 가속운동이라는 것만 알려주고, 바로 거리 조절하는 연습으로 들어갑니다. 3m, 5m, 7m… 직접 시범을 보이며 곱하기 3의 법칙으로 거리 조절하는 방법을 알려줍니다.

'퍼팅 입문' 영상 강좌를 듣고 오라고 숙제를 내줍니다. 복습의 의미도 있고, 짧은 레슨 시간에 미처 다하지 못했던 설명이 들어있습니다. 선생 역시 영상의 내용을 충분히 숙지하고 있어야 합니다. 보고 와서 질문할 수도 있으니까요. 모든 교본이 그러하듯 영상 강의의 내용에 대해 선생마다 생각이 다를 수 있어요. 다른 점은 다르다고 이야기하면 됩니다. 김헌 선생은 그렇게 생각하지만 나는 이렇게 생각한다고.

두 번째 레슨

빈 스윙을 다시 가다듬어 주고, 퍼팅 거리 조절하는 연습을 시켜보고 어느 정도 된다 싶으면, 바로 퍼팅력 게임을 합니다. 시범을 보이면서 게임의 개요를 설명해주고, 계속해서 반복합니다. 처음에는 30점 내외의 점수를 받게 되는데, 계속하다 보면 점수는 계속 향상됩니다. 레슨 시간 내에 도달하는 점수를 보고 숙제를 내줍니다. 50점 혹은 60점을 넘겨오고 시험을 본 후 통과해야 다음 진도를 나갈 것이라고 안내합니다.

공을 치지 않는 상태에서의 빈 스윙은 보통 재미있어합니다. 에

어로빅이나 요가처럼 몸을 쓰는 즐거움이 있는 거죠. 공을 치게 되면 잘 안 맞으니까 스트레스를 받는데, 빈 스윙은 그런 스트레스가 없어요. 하면 할수록 익숙하고 편해지기도 하고. 이어서 퍼팅을 배우고 퍼팅력 게임을 하게 되면 즐거움은 더해집니다. 세상의 모든 게임은 재미있거든요. 그리고 이것을 잘하면 골프라는 게임도 잘할 수 있다는 희망이 있거든요. 사람들은 숙제에 약하고 시험에 충실합니다. 아주 잘 훈련되어 있습니다. 시험은 싫다고 하면서도 그 과정을 즐길 줄 알죠. 시험을 앞두면 진지하게 노력하는 것이 거의 조건반사 수준입니다. 제가 이제까지 50점을 넘겨오라는 숙제를 내주었을 때 그 점수에 미치지 못하는 학생을 거의 보지 못했습니다. 아시다시피 골프에서 퍼팅은 거의 40%에 달하는 비중을 차지하고 있습니다. 퍼팅에 재미를 붙였다는 것은 골프의 늪에 발을 하나 담근 꼴입니다.

'게임을 통한 학습' 영상 강좌를 듣고 오라고 숙제를 내주세요. 퍼팅 게임 하나를 시작했을 뿐이지만 골프 라이프를 영위하는 데에 게임을 중심에 놓는 것이 얼마나 중요한지, 게임 속에 어떤 학습적인 설계가 들어가 있는지, 왜 게임이 효과적인 학습 방법인지를 깨닫도록 도와야 합니다.

셋째 주:
숏게임 배우기

● 빈 스윙을 좀 더 다양한 도구로 하다가 골프 클럽으로 빈 스윙을 하는 것까지 진도를 나갑니다. 숏게임을 배우고, 숏게임력 게임까지 안내하는 것이 셋째 주의 핵심 과제입니다.

첫 번째 레슨

빈 스윙을 가다듬고 여러 가지 도구로 빈 스윙을 하도록 안내합니다. '연습도구 활용법' 영상 강좌를 듣도록 숙제를 내주고 바로 숏게임을 가르칩니다. 숏게임 스윙도 진자 운동이라는 것을 설명하고 공을 오른발 쪽에 놓고 치며 점점 속도를 높여봅니다. 백 스윙 진자 운동의 크기 공식, 백 스윙 무릎 높이 20m, 허리 높이 30m, 가슴 높이 50m, 머리 높이 60m를 보여주고, 따라 하게 합니다. 자세가 조금 어색하더라도 너무 지적하지 마세요. 하면서 점점 좋아지니 선생이 조급해하면 안 됩니다.

두 번째 레슨

숏게임 거리 조절하는 것을 몇 번 더 해보고, 어느 정도 되겠다 싶으면 숏게임력 게임에 도전해봅니다. 시범을 보이며 게임의 전체적인 구조를 알려주고 직접 해보도록 합니다. 처음에는 30점도 어렵지만, 하다 보면 점차 점수가 향상될 겁니다. 그리고 그립에 대한 설명을 간단하게라도 해주세요. 20m나 30m는 모르지만, 그 이상의 거리를 보내려면 그립이 중요합니다. 그리고 다음 주에는 풀 스윙으로 공을 쳐야 하므로 이쯤에서 그립을 가르쳐 놓을 필요가 있습니다. 개요만 설명하고 『골프 교본』 게이트 2에 있는 '그립 특강' 영상 강좌를 꼭 보도록 숙제를 내주세요. 상당히 자세한 그립 설명 영상입니다. 이해가 잘 안 되는 부분이 있다면 다음 시간에 질문하라 하시면 됩니다.

그리고 당연히 숏게임력 게임을 50점을 넘겨와야 한다고 숙제를 내주시고, 시험을 본다고 안내해야 합니다.

골프라는 게임에서 숏게임은 20%의 비중을 갖습니다. 퍼팅이 40%라 했으니 이제 수강생들은 60%의 진도를 나가게 된 셈입니다. 이 정도 되면 한 사람의 골퍼가 탄생했다고 봐야 합니다. 시험에서 50점에 합격했으면 60점에 도전하게 하고, 60점을 달성했으면 65점이나 70점에 도전하는 숙제를 내주면서 진도를 나가야 합니다. 각 과목이 60점을 넘으면 스크린골프 점수가 100타에 근접하고 있다고 보면 됩니다.

넷째 주:
공과의 만남

● 빈 스윙 횟수가 5천 번 가까이 누적되면 몸도 스윙에 조금 적응되고, 뭔가를 휘두르는 동작에도 어느 정도 익숙해졌을 겁니다. 공을 치는 경험을 어떻게 성공적인 경험으로 만들 것인가가 핵심적인 과제입니다.

첫 번째 레슨

아이언 샷과 볼 포지션을 발견하는 비비탄 치기 수업을 진행할 겁니다. 일단 그립을 먼저 점검해줍니다. 샷에 미치는 영향이 너무도 큰 그립은 절대 한 번에 완벽하게 되지 않습니다. 스윙이 발전하면서 그립도 발전하는 겁니다. 당분간은 레슨을 시작할 때 그립을 먼저 잡아놓아야 합니다.

 빈 스윙을 하면서 바닥을 치게 합니다. 스트라이크 보드를 놓고 해도 좋고, 없다면 그냥 바닥을 치게 합니다(레슨에는 꼭 스트라이크 보드나 대체 가능한 교구가 있어야 합니다). 바닥에 클럽을 떨어뜨리는 것을 두려워하는 사람이 많습니다. 특히 여성들은 우선 그 두려움에서 벗어나게 해야 합니다. 타석 매트보다 카펫을 칠 때 효과음이 더 크게 들려요. 잘 떨어뜨렸는지를 바로 피드백 받을 수 있습니다. 자꾸 떨어뜨리다 보면 일정한 탄착점을 발견할 수 있습니다. 발의 위치를 백묵 같은 것으로 표시해서 고정하고 샷을 시키면 더 빨리 위치가 찾아지고요. 탄착점을 찾으면 거기에 비비탄을 놓고 치게 합니다. 클럽이 떨어지는 지점은 사실 개인에 따라 차이가 납니다만, 왼발과 오른발 사이 어디쯤이겠죠. 양발을 벗어나 떨어지는 것은 이상한 일이고 대충 발과 발 사이 어디쯤 떨어집니다. 체중 이동을 잘하는 사람은 왼쪽으로 가 있을 것이고, 팔로 끌어내리는 동작이 심한 사람은 중앙보다 오른쪽에 떨어지겠죠. 당장은 어디에 떨어지는가가 그다지 중요치 않으니 그냥 진도를 나가도 됩니다. 어느 정도 비비탄을 치게 되면 눈을 감고 쳐보도록 합니다. '눈을 감고도 칠 수 있구나!'라며 놀랄 겁니다. 눈감고도 어느 정도 일관성 있게 공을 치면 비비탄 뒤에 공을 놓고 놔 줍니다. 물론 눈은 다시 뜨고요. 이 순간이 정말 중요합니다. 공과 비비탄을 함께 치도록 하는 겁니다. 대부분은 공을 놓는 순간 자세가 이상해집니다. 멀리 똑바로 보내겠다는 마음이 작동하기 시작하거든요. 대부분 비비탄을 치지 못합니다. 공의 머리나 옆구리쯤을 치거나 뒤땅을 치면서 과격해집니다. 마음을 차분하게 하도록 안내하면서 공과 비비탄을 번갈아 치게 하거나 눈을 감고 비비탄 치기를 하다가 몰래 공을 놔주면서 공과 만날 수 있도록 차분하고 조심스럽게 안내합니다. 처음에는 스크린 화면에 공이 날아가는 것이 보이지 않게 해놓고 샷을 가르치는 것도 방법입니다. 날아가는 것이 보이는 순간 마음의 오작동이 발생하거든요. 어느 정도 샷이 된다 싶을 때 화면을 보게 하는 것도 좋은 교습 방법입니다.

'공과의 만남, 마음의 오작동' 영상 강좌를 꼭 보도록 숙제를 내줍니다. 스윙은 쉬운데 샷이 어려워지는 지점이 빈 스윙의 총량 즉, 반복의 어려움과 마음의 오작동에 있음을 명확히 인식하도록 안내해야 합니다. 실력은 해석력입니다. 누구나 실수할 수 있지만, 그것을 어떻게 해석하느냐에서 실력 향상의 속도가 달라집니다. 표면적인 해석은 표면적인 해결책밖에 만들어 낼 수 없을 겁니다. 사실 샷이 어려운 게 아니라 스윙과 샷을 해석하는 방법이 어려운 겁니다. 저는 완전 초보자에서부터 미스 샷에 대한 해석 능력을 키워가야 한다고 생각합니다. 초보자들이 공을 치게 되면 마음의 오작동을 거의 예외 없이 겪습니다. 직진착각, 때리기 착각, 시선 착각은 정말 예외

없이 거칩니다. 수없이 반복해서 세뇌될 정도로 설명하고 또 설명해 줘야 합니다. 동작의 오류 그 배후에는 마음의 오작동이 있다는 해석이 행복골프훈련소의 문화고 철학입니다.

두 번째 레슨

아이언에 이어 드라이버와 우드 샷 경험이 이 레슨의 과제입니다. 우선 우드를 치게 합니다. 진행 과정은 아이언과 거의 같습니다. 빈 스윙을 하게 하고, 비비탄을 치게 하고, 눈을 감고 쳐보도록 하고, 공과 비비탄을 함께 치게 합니다. 사실 비비탄의 위치는 같습니다. 스윙의 가장 낮은 지점, 스윙의 최저점을 지나게 되겠지요. 단지 공이 놓이는 위치가 아이언은 비비탄의 뒤쪽이고 우드는 비비탄의 앞쪽이 되겠지요. 아이언은 클럽 헤드가 다운 블로(Down blow)에서 맞아야 하고, 우드는 뒤땅을 스치면서 맞아야 하기에 그렇습니다. 이것은 개략적인 설명만 해놓고, '클럽별 세팅, 스윙은 하나다' 영상 특강을 꼭 보도록 숙제를 내주세요. 레슨 시간에 다 설명하기는 어렵습니다. 천천히 반복해서 숙지하도록 안내해주시면 좋습니다. 이해가 안 되는 부분은 다음 레슨 시간에 질문하도록 하면 되고요.

다음은 드라이버를 가르칠 차례입니다. 과정은 비슷합니다. 우선 빈 스윙을 많이 시켜서 길이에 대한 저항감을 없애야 합니다. 그리고 스윙이 플랫(Flat)해지는 것에도 적응해야 하고요. 비비탄을 놓고 샷을 하게 하는데 비비탄의 위치는 역시 같습니다. 스윙의 최저점. 시선도 비비탄에 두고 샷을 하는 것이 좋습니다. 단지 비비탄을 직접 가격하는 것이 아니라 비비탄 위를 스치듯 지나가게 하는 샷인 거죠. '아슬아슬 스치듯'을 강조해야 합니다. 드라이버의 밑바닥 솔과 잔디 바닥의 간극을 유지하는 것이 굉장히 중요합니다. 아마추어의 드라이버는 대부분 너무 떠다녀요. 시선 착각의 영향도 있지만 엄청난 속도의 물건이 바닥에 닿을까 봐 두려워하는 마음도 있어요. 드라이버는 가장 멀리 공을 보내기 위해 티를 꽂아서 공을 띄워놓고 칩니다. 약간 어퍼 블로(Upper blow)로 공을 치게 되는 것이죠. 사실 드라이버가 제일 치기 쉬운 샷임을 강조해야 합니다. 페이스도 가장 넓고, 지면의 저항도 없고, 단지 길이가 길어져서 어색함이 있기는 하지만 그것도 어느 정도 반복하면 극복이 어려운 문제는 아닙니다.

다섯째 주:
롱게임 골프력 게임,
스크린골프 게임 도전

● 롱게임 샷으로 공과의 만남이 이뤄졌다면 이번 주는 골프력 게임으로 롱게임 샷을 가다듬으면서 스크린골프에 도전하는 것이 핵심 과제입니다.

첫 번째 레슨

드라이버에서 우드, 아이언까지 골프력 게임을 시켜봅니다. 스윙의 크기를 조절하지 말고, 똑같은 풀 스윙을 하면서 스피드를 조절해서 거리를 조절하는 게임을 하는 겁니다. 아이언부터 해도 좋고 드라이버를 먼저 해도 상관없습니다. 거리를 조절하는 골프력 게임은 '부드럽게 쳐도 거리가 충분히 나는구나'를 직관적으로 체험하게 해주는 게임입니다. 60점을 넘기도록 숙제를 내주세요.

두 번째 레슨

이제까지 우리는 스크린골프 게임을 하려고 달려온 겁니다. 골프 게임이 어떻게 구성되어 있고 이제까지 배운 각각의 과목이 실전의 게임에서 어떻게 쓰이는지 종합적으로 이해하는 시간입니다. 드라이버를 치고, 우드나 아이언을 치고, 숏게임을 하고, 퍼팅으로 마무리를 하고, 다음 홀로 이동하고… 가볍게 설명하며 함께 라운드합니다. 한 번의 라운드에서 너무 많은 설명을 하려 하지 마세요. 어차피 수없이 많은 라운드를 하게 될 겁니다. 그때마다 조금씩 설명을 추가해가면 됩니다. 처음에 18홀을 다 돌게 하지도 마세요. 그것도 지치고 힘들어요. 3홀, 6홀로 점차 늘리면서 욕구가 생기기를 기다려 줘야 합니다. 그리고 처음에는 온 그린 컨시드 모드로 진행하는 것이 좋아요. 자칫 지루해질 수 있으니까요. '전체와 부분'의 이야기 기억하시죠? 스크린골프 게임도 전체의 구성을 먼저 익히고 부분적으로 익혀가는 것이 좋습니다.

끊임없는 반복 학습

● 여기까지입니다. 왕초보 또 초보를 골프 게임에 안내하는 첫 과정. 한 달 약 5주의 과정으로 설명했지만, 4주가 될 수도 있고 수강생들의 상태에 따라 두 달이 될 수도 있습니다. 퍼팅이 안 되면 퍼팅을 한 주 더 할 수도 있고, 롱게임에서 시간이 지체될 수도 있어요. 하지만 거치는 과정은 같습니다. 과정을 진행하면서 느꼈겠지만, 선생이 모든 것을 설명할 수 없어요. 25분이라는 시간 제약은 물론, 비용의 제약도 있는데 무작정 욕심껏 설명할 수도 없는 노릇입니다. 그러니 동영상 강좌를 잘 활용하고 기존 영상이 부족하다면 영상을 직접 제작해서 활용하는 방법도 있어요. 소설책, 영상 강좌, 숙제, 시험 등의 장치를 이용해야 더욱 효과적인 교육을 할 수 있습니다.

이후의 과정은 반복을 통해 스윙을 끊임없이 발전시키고 게임 룰과 에티켓, 전략을 깊이 이해하는 것입니다. 처음 잘 익혀 놓으면 그다음부터는 정확한 과제 제시 외에 그다지 어려운 것이 없고, 지금까지의 설명을 더 깊게 이해하는 과정이 될 것입니다. 저는 개인적으로 설명해줬음에도 '선생님 왜 진작 알려주지 않았어요'라는 이야기를 들을 때가 참 많았습니다. 아무리 이야기해도 운동은 이해할 수 있는, 깨닫는 때가 있더군요. 머리로 이해하는 것이 아니라 몸이 깨닫는 순간은 따로 있다는 것을 절감합니다.

7장

그룹 레슨에 대하여

자연스럽게 커뮤니티를 형성하는 법

● 저는 사실 왕초보나 또 초보의 경우, 개인적인 레슨보다는 그룹 레슨을 강력히 추천합니다. 개인 레슨은 25분이라 시간 제약도 있고, 중요한 요소인 집단의 역동성을 배우기 어렵거든요. 그룹 레슨을 하면 주 1회 레슨이지만, 2시간 동안 충분히 설명할 수 있고, 여러 사람이 함께해서 경쟁심이 작동합니다. 그리고 다른 수강생들을 보며 '저렇게 할 수도 있구나', '열심히 하면 잘할 수 있구나' 귀감이 되기도 합니다. 또 서로가 보충 설명을 나누기도 하지요. 골프는 4인이 한 조가 되어서 하는 운동이라 커뮤니티의 형성이 필요합니다. 왕초보 끼리끼리, 동병상련의 친구가 있는 게 좋아요. 함께 레슨을 진행하면 자연스럽게 친구가 됩니다. 함께 성장하는 도반이 생기는 거죠. 그룹 레슨을 해보면 사람들이 '프로님' 이렇게 부르기보다 '선

생님'하고 부르게 되는 경우가 많아요. 재미있죠? 흔한 레슨 프로가 아니라 선생과 학생의 관계가 자연스레 형성되면서 '스승'의 포지션이 만들어집니다. 관계 설정에서도 굉장히 유리하죠.

그룹 레슨을 하는 인원은 3~6명이 좋은데, 많게는 10명까지도 괜찮습니다. 단, 한 사람이 계속 공을 치는 것은 초보자들에게 부담스럽기 때문에 설명할 때는 함께하고, 2개 조로 나눠 한 타석에 2명을 투입, 교대로 실습하는 것이 좋습니다. 그러면 세 타석을 가지고 6명, 네 타석으로 8명을 가르칠 수 있죠.

행복골프훈련소에서 그룹 레슨을 한다면 그룹 레슨이 있는 2시간 동안 타석을 닫아야 하니 저녁 시간에는 무리가 있습니다. 연습장에 타석이 많고, 구조적으로 그룹 레슨을 할 수 있는 공간이 구별되어 있다면 모를까, 그렇지 않다면 평일 저녁 시간에 2시간이나 되는 그룹 레슨을 진행하는 현실적으로 어렵지요. 연습장의 운영 상황을 보면 대체로 토요일 오후 시간은 사람이 없습니다. 일요일 오전 시간도 좀 여유롭고요. 평일은 아예 하루 정도 새벽 시간을 비워서 그룹 레슨의 날로 정하는 것도 좋습니다.

그룹 레슨은 하나의 독립 상품으로도 유의미하지만, 수강생 모집에 용이하고, 특강 느낌으로 개인 레슨 유입이 가능해서 연습장을 운영하는 데 다양한 용도로 쓰입니다. 퍼팅이 안 되면 퍼팅 레슨을, 숏게임이 안 되면 숏게임 레슨을 함께 듣도록 권유할 수 있다는 거죠. 재수강도 많이 합니다. 한 번 들었다고 다 아는 것이 아니기에. 또 장기 상품을 팔 때 끼워팔기도 좋은 전략입니다. 개인 레슨에 돌입하기 전 그룹 레슨을 한번 듣고 개인 레슨을 받게 하는 것도 좋은 접근 전략입니다.『골프 교본』을 활용하면 별도의 교재 없이도 진행할 수 있습니다.

문제적 샷에 대한
해석과 해결

초보 골퍼가 스윙 문제로 헤매고 있다면 보이는 현상을 넘어
진짜 문제의 원인을 고치는 좋은 '의사'가 되어주세요.

1장

병든 스윙을
치유하는 약들

연습도구, 보조도구를
처방해드립니다

● 무릇 병은 조식(調息)과 섭생(攝生)으로 다스리는 것이 근본입니다. 그것으로 안 될 때 침과 뜸, 약을 쓴다는 거죠. 조식과 섭생은 호흡과 먹고 자는 일상생활을 의미합니다. 포괄적으로 모든 병은 생활로부터 온다는 거죠. 병이 생기면 조식과 섭생을 먼저 돌아보고 가

다듬는 것이 기본이고, 그래도 안 될 때 의사를 찾아 치료하라는 것이 옛 성현들의 가르침입니다. 골프도 다르지 않습니다. 골프 스윙의 모든 병증도 사실 꾸준한 반복과 연습, 정기적인 실전 연습, 철저한 몸 관리, 평온한 마음의 유지가 잘되지 않아서 생기는 것입니다. 이

것은 아마추어도 프로도 다 마찬가지입니다. 일상의 삶 속에서 답을 찾지 않고 약부터 먹거나 외과적인 수술로 문제를 해결하려 하면 더 큰 병이 되어버립니다.

밥이 보약

골프의 빈 스윙은 좋은 운동이지만 공을 치는 샷은 좋은 운동이 아니라고 거듭 말씀드렸죠. 골프는 편 방향 운동이거니와 샷을 할 때의 충격량이 만만치 않기 때문입니다. 건강을 유지하기 위해 밥을 잘 챙겨 먹는 것처럼, 건강한 골프를 위해 골퍼는 빈 스윙을 잘 챙겨야 한다고 생각합니다. 빈 스윙은 공이 없는 상태에서 텅 빈 마음으로 그리는 아름다운 원이죠. 사격 선수들도 총알이 없는 빈 총으로 사격 연습을 많이 합니다. 총알이 들어있으면 사격을 할 때 충격이 수반되니 지레 움츠린 자세로 훈련하게 되기 때문이죠. 골프도 마찬 가지입니다. 꾸준히 빈 스윙을 하다 보면 스윙에 대한 잡념도 없어지며 동작이 간결하고 부드러워집니다. 본능적으로 몸이 거부하는 운동을 몸과 좀 친하게 만드는 과정이기도 하고요. 클럽으로 연습을 해도 좋고, 여러 가지 도구를 가지고 해도 좋습니다.

공은 요물이라는 말 기억하시죠? 공을 치는 연습 만 거듭한다면 공을 대하면서 생기는 온갖 병든 마음으로 연습을 하게 됩니다. 결과적으로 마음의 오작동을 연습하게 되는 거죠.

빈 스윙과 공을 치는 연습 시간 비율은 7:3 정도의 안배가 적당합니다. 종종 수강생들이 빈 스윙이 지루해서 지겹고 힘들다고 호소하더라도 연습 비율은 5:5를 넘기지 않는 것이 좋습니다.

골퍼들의 병을 치료하기 위한 약

세상의 병을 치료하는 약의 종류는 아주 많지만, 사실 해열제, 진통제, 항생제, 혈압 강하제, 혈전 용해제 등 쓰이는 건 몇 가지 안 됩니다. 그 몇 가지로 병 대부분이 치료되고 있는 거죠. 골프도 그렇습니다. 골프의 병을 잘못된 동작과 마음의 오작동임을 알고 나면 사실 새로운 운동 경험을 시키거나 새로운 이미지를 제공해줄 몇 개의 도구가 필요할 뿐입니다. 저는 그렇게 해왔습니다.

다른 운동에 비해 골프는 엄청나게 많은 연습도구가 있습니다. 그리고 지금도 하루가 멀다고 새로운 연습도구들이 등장하고 있죠.

축구, 야구, 탁구, 배드민턴을 연습하는 데 쓰이는 연습도구 혹은 보조도구가 골프처럼 다양하지 않다는 것은 골프라는 운동이 그만큼 고뇌가 크다는 방증인지도 모릅니다. 골프 역사 500년 동안 효과가 검증된 도구는 다양하지만 '무엇을 느끼게 해주려는 것인가?'라는 본질은 몇 가지 동작으로 함축됩니다. 마음의 오작동을 깨우쳐주고 새로운 운동 경험을 도와 스윙의 병적 증세를 치유해주는 도구들을 하나씩 살펴볼까요?

템포 마스터

● 템포 마스터는 골프 역사 500년 중 가장 오랫동안 사랑받은 연습도구입니다. 이 연습도구의 핵심적인 기능은 스윙이 때리거나 패거나 내려찍는 것이 아니라 휘두르기 라는 사실을 익히게 돕습니다. 누구나 처음에는 공을 때려서 멀리 보내려 하죠. 물론, 처음부터 휘두르는 사람이 없진 않지만, 대부분은 클럽으로 공을 맞히는, 때리는 데 집중합니다. 이것은 도구가 주는 이미지, 원초적인 설계 때문이며 가장 기본적이고도 치명적인 함정입니다. 이런 오해를 마음의 오작동이라 설명했습니다. 골프 클럽은 때리기에 어울리는 도구가 아닙니다. 형태적으로도 파워 높이기가 아닌 빠른 스피드를 낼 수 있도록 변화, 발전해왔습니다. 드라이버의 비거리를 이야기할 때도 헤드의 스피드로 이야기합니다. 때리기에서 휘두르기로의 전환이

골프의 수많은 깨달음, 소위 '그분'께서 오셨다는 첫 번째 체험입니다. 이 단계의 경험과 깨달음이 스윙을 편하게 해주고 거리도 쉬이 낼 수 있게 합니다.

템포 마스터는 애당초 때리기를 할 수 없는 도구입니다. 이 도구로 할 수 있는 운동은 휘두르기 밖에 없습니다. 꾸준히 연습하다 보면 자연스럽게 휘두르는 원리, 효과적으로 휘두르는 운동의 프로세스를 온몸으로 익히게 됩니다. 물론 그렇다 하더라도 클럽을 들고 공을 마주하면 때리려는 마음이 스멀스멀 기어 나옵니다. 이느 순간 극복했다고 사라지는 것이 아니라 평생을 두고 경계해야 할 고통입니다. 그렇지만 때리기와 휘두르기의 차이를 비교하고 휘두르기 쪽으로 자꾸 유도하다 보면 때리기 착각, 골프의 첫 번째 난관을 통과할 수 있습니다. 게다가 템포 마스터는 어떻게 하면 헤드 스피드를 늘릴 수 있는지를 아무런 설명 없이 체득하게 돕습니다. 많은 골퍼가 비거리 때문에 고민합니다. 방송이나 인터넷의 동영상들을 보면 비거리의 증가를 돕겠다는 콘텐츠가 쏟아지고 있지요. 자세와 요령 비급과 비기가 난무하고, 추천 동작과 금기 동작의 지침들이 즐비합니다. 그 또한 결과적으로는 '지적질'과 마찬가지로 생각이 많은 스윙, 복잡한 스윙, 골치 아픈 스윙을 만들고 맙니다.

템포 마스터같이 낭창거리는 끈으로 된 도구들은 휘두를 때 소리가 휙휙 잘 나기 때문에 헤드 스피드를 쉽게 느낄 수 있습니다. 소리를 낮추고 높이는 변화를 통해 그토록 어렵다고들 하는 헤드 스피드 늘리기, 비거리 늘리기의 비급을 스스로 체득합니다. 아무런 지침도 없고 생각도 필요 없습니다. 동작에 대한 아무런 지침 없이 그저 소리를 더 내보세요. '더 세게, 더 세게, 죽기 살기로!'라는 구호만 옆에서 외쳐주면 남녀노소 누구나 자신이 낼 수 있는 최대의 소리를 냅니다(소리조절연습법 참조). 그리곤 물어봅니다. "소리를 더 늘리는 운동은 어떻게 하는 거예요?" 아무도 대답하지 못합니다. "그냥 하니까 되던데요!" 그것이 정답입니다. 소리 즉 스피드를 늘리는 운동은 배우지 않아도 우리의 유전자 속에 이미 노하우가 있습니다. 우리는 박박 기다, 슬금슬금 도망가다 등 동작에 대한 자세한 설명이나 디렉션없이 보여만 주면 할 수 있는 운동이 무수히 많습니다. 소리내기도 그중 하나일 뿐입니다. 소리를 더 날카롭고 크게 내려는 것을 목적으로 연습을 하다 보면 자신이 낼 수 있는 최대 스피드를 조금씩 갱신할 수 있습니다. 한 사람이 낼 수 있는 최대의 소리 크기가 바로 그 사람의 최대 비거리인 겁니다.

소리는 거리입니다. 게다가 템포 마스터는 그 이름처럼 스윙의 리듬과 템포를 좋게 해줍니다. 스윙의 리듬은 3/4 혹은 6/8박자라고 이야기하는데, 그 스윙 고유의 리듬을 벗어나서는 이 도구를 쓸 수가 없습니다. 다시 말하면 이 도구로 연습하면 자연스럽게 리드미컬

한 스윙이 몸에 밴다는 거죠. 외견상 골프 스윙의 완성도를 가늠하는 단 하나의 요소를 꼽으라면 많은 프로가 리듬감이라고 이야기합니다. 경지에 이른 프로들의 스윙을 보노라면 마치 춤을 추는 듯합니다. 스윙 리듬의 안정이 골프 스윙의 궁극적인 목표일지도 모르겠습니다. 템포 마스터는 바로 그 점을 느끼게 돕는 유일무이한 도구입니다.

빈 스윙할 때는 공을 칠 때처럼 셋업, 백 스윙, 다운 스윙, 임팩트 순의 원 웨이로 하기보다는 왕복으로 그네 운동처럼 하는 것이 효과적입니다. 100번을 한다면 왕복으로 70% 이상 하는 것이 좋습니다. 그러면 가는 길과 오는 길이 정리되면서 궤도가 좋아집니다. 가죽 로프의 끝에 달린 가죽 뭉치가 몸의 어디에 닿는지를 느끼며 하다 보면 스윙 궤도가 정확한가 아닌가를 확인할 수도 있습니다. 템포 마스터는 가볍고 만만한 도구이기에 힘이 약한 여성 초보자 스윙 학습용으로 최고입니다.

스윙은 변합니다. 프로나 상급자라 할지라도 내기가 커지거나 비가 오고 바람 부는 날 라운드를 하면 스윙의 리듬이 망가지게 되는데 템포 마스터를 통해 자신의 고유한 리듬으로 돌아오도록 끊임없이 치유를 해줘야 합니다.

로테이션 마스터

● 아마추어들이 겪는 가장 치명적이고 보편적인 병이 바로 슬라이스입니다. 슬라이스를 물리적 현상으로 해석하면 클럽과 공이 소위 '열려 맞았다'라고 이야기하는 각도와 모양으로 만난 결과죠. 공이 날아갈 방향에 대해 수직으로 클럽페이스가 만나야 하는데 미쳐 스퀘어가 되기 전에 공과 클럽이 만난 결과가 슬라이스입니다. 고쳐야지 하다 보면 한동안 치유된 듯하다가 감기처럼 병증이 다시 도지는 일이 반복됩니다. 왜 그렇게 치명적인 실수가 거듭되는 것일까요?

1차 원인은 로테이션 동작의 불완전성입니다. 손을 중심으로 설명하자면 셋업 상태에서 공이 날아갈 비구 방향에 대해 수직으로 놓인 손바닥의 각도가 백 스윙을 하면서 스윙 평면과 일치하게 되고 다운 스윙에서 뒤집히기 시작하며 팔로우에서는 완전히 반대 방향으로 돌아가는 운동을 로테이션 동작이라고 합니다. 똑같은 궤도 운동을 하더라도 로테이션 동작이 너무 빠르고 급하고 과하게 일어나면 훅성 구질이 되고 타이밍이 늦거나 불완전하면 슬라이스가 나는 거죠. 지금껏 다양한 슬라이스의 원인을 살펴 왔지만, 아마추어가 슬라이스를 내는 원인의 90%는 로테이션 동작의 불완전성입니다.

이런 동작의 오류가 끊이질 않는 이유는 직진착각 때문입니다. 찰나의 운동을 일정한 구간의 운동으로 바꾸려는 작위적인 동작을 직진착각이라 이름한 것입니다. 그 작위적인 동작이 슬라이스의 원흉이고 비거리 손실의 주범입니다. 로테이션 마스터는 바로 그 손목이 돌아가는 느낌, 로테이션 동작을 아주 강렬하게 느끼도록 돕는 연습도구입니다. 아이언보다도 훨씬 과장되게 앞쪽에 무게를 실어주어 의식적으로 로테이션을 방해하려 해도 쉽지 않도록 설계해 놓았습니다. 상당한 무게감이 있어서 언제 손목이 돌아가서 스윙 평면과 일치하는지, 언제 코킹과 릴리즈가 되는지를 자연스레 익히고, 작은 근육의 사용을 통제하면서 손과 팔의 급격한 회전을 충분히 경험할 수 있습니다. 초보자가 연습하면 그러려니 할 수도 있지만, 직진착각에 시달렸던 사람이 휘둘러 보면 지금까지 본인이 해왔던 스윙과 완전히 다른 스윙이라는 느낌이 들기도 합니다. 그만큼 억지스러운 동작을 해왔다는 방증인 거죠. 또한, 로테이션 마스터는 헤드의 면이 넓게 만들어져 있어서 스윙 평면에 대한 이해를 돕기에 가히 슬라이스 치료의 왕이라고 할 수 있습니다.

로테이션 마스터를 쓴다고 바로 스윙이 좋아지지는 않습니다. 클럽이 주는 로테이션의 느낌은 로테이션 마스터와 비교하면 미미하기 때문입니다. 클럽으로 하면서도 섬세하게 로테이션의 느낌을 감지하려 애써야 합니다. 역으로 이야기하자면 미미한 힘의 작용이기 때문에 미미한 힘으로도 자연스러운 로테이션 동작을 방해할 수도 있는 겁니다. 이 지점이 초보자의 스윙에서 상급자의 스윙으로 발전하는 두 번째의 고비입니다. 이 또한 원초적인 감각의 오류, 마음의 오작동이기 때문에 굉장히 뿌리가 깊습니다. 완치가 쉽지 않은 병이죠. 특히 아주 긴장된 상황이나 욕심을 부리는 상황에서는 의도와 다르게 근육이 수축하기 때문에 재발 우려가 큽니다. 하지만 골프는 실수의 게임이죠. 그래서 실수가 중요한 것이 아니라 실수를 해석할 수 있는 능력을 쌓는 것이 중요합니다. 실수에 대한 올바른 해석 능력이 바로 실력인 거죠.

바디 턴 마스터

　일반적으로 남자들은 골프 클럽을 가벼운 망치쯤으로 인식을 하는 경향이 있습니다. 스윙했을 때 골프 클럽은 무시무시한 흉기가 되지만, 정적인 상태에서는 불과 400g의 물건일 뿐이고 그래서 마치 가벼운 망치 정도로 인식을 해버리게 되는 거죠. 그래서 작은 근육을 쓰거나 상체를 쓰는 골프 스윙의 비극이 시작됩니다.

　바디 턴 마스터는 대단히 무겁습니다. 그러므로 팔이나 어깨 등 작은 근육을 사용해서 스윙을 만들고자 하는 욕구를 원천적으로 차단합니다. 장작을 패는 도끼를 상상해보세요. 우리는 도끼를 들면 작은 근육으로 그것을 어떻게 해보고자 하는 의지가 생기지 않습니다. 도끼를 들고서 망치질을 하려는 사람은 없죠. 스웨이, 치킨 윙,

왼팔을 당기는 행위, 때리려는 동작 등 스윙 동작의 폐해는 스윙을 망치질처럼 하려는, 망치질처럼 할 수 있다는 착각, 마음의 오작동으로부터 기인한다고 해도 과언이 아닙니다.

자, 공을 멀리 날려 보내는 에너지의 크기를 100이라고 가정해 봅시다. 그중 나의 힘은 과연 몇 %나 차지할까요? '이 뜬금없는 질문은 뭐지?' 싶으시죠. '100% 내 힘으로 공을 날려 보내는 거지' 싶을 것입니다. 그럼 다른 운동을 예로 들어봅시다. 아이가 그네를 타고 있고 내가 흔들거리는 그네를 밀어주고 있다면 과연 그네 운동을 시키고 힘 중 나의 힘은 어느 정도일까요? 계산을 해보지는 않았지만 10% 미만이 아닐까요? 그렇다면 나머지 90%의 힘은 뭘까요? 바로 중력입니다. 그네 운동이든 골프 스윙이든 마찬가지입니다. 샷과 스윙에 필요한 대부분의 힘은 사실 중력입니다. 나는 그저 슬쩍 굴러주는 역할을 하고 있을 뿐이죠. 극단적으로 무거운 것을 들고 운동을 해보면 무게에 의존한다는 것이 무엇인지를 쉬이 체득합니다. 몸은 그저 흔들거리며 무게를 따라다닙니다. 내 몸이 그네의 틀이 되고 팔은 그 무게를 지탱하는 줄에 불과하다는 것을 느끼죠. 그네 운동의 스피드를 높이려면 팔이 아니라 몸을 굴러줘야 한다는 것을 가르쳐주지 않아도 알아차립니다. 스윙하면서 중력을 이용할 줄 알게 되는 겁니다.

스윙은 작은 힘쓰기에서 큰 힘 쓰기의 단계로 발전합니다. 사람은 탁자 위에 있는 물컵을 들어 올리려면 손과 팔의 작은 근육을 씁니다. 쌀가마니를 들려면 허리와 엉덩이 근육을 씁니다. 자신이 수행해야 할 운동에 대한 자세와 태도가 근본적으로 다릅니다. 작은 근육을 쓰는 스윙에서 큰 근육을 쓰는 스윙으로의 전환이 중요합니다. 손과 팔에 남은 작은 근육이 작위적인 활동을 통제하면 언제 코킹이 되고 언제 릴리즈가 되는지 그저 도구의 무게에 의존할 뿐입니다. 탑 스윙에서 클럽과 팔의 예각을 유지하면서 끌고 내려온다는 의식도 없습니다. 소위 캐스팅과 레깅에 관한 지루한 논쟁도 필요 없죠. 저절로 됩니다.

아마추어들은 팔로우에서 팔을 펴라는 지적을 많이 받습니다. 팔은 펴는 것이 아니라 펴지는 겁니다. 원활한 스윙의 결과 골프 클럽은 엄청난 무게의 물건이 되기 때문에 그 물건에 끌려가게 되고 그 과정에서 팔은 펴질 수밖에 없습니다. 팔로우에서 팔이 완전히 펴지지 않는다면 그 부분에서 클럽헤드를 통제할 수 있을 만큼 무게를 감소시키는 어떤 동작이 전제되어 있다는 의미죠. 당겨친다는 지적도 같은 계열의 문제라 할 수 있는데, 엄청난 무게가 되어버린 골프 클럽의 헤드는 사실 왼팔 정도의 근육으로 당길 수 있는 물건이 아닙니다. 어떤 사람이 왼팔로 당기고 있다면 임팩트 과정에서 당길 수 있을 만큼의 물건으로 만들어 버린 결과입니다. 바디 턴 마스터가 갖는 무게는 그런 가능성을 원천적으로 차단하고 있습니다.

모양 만들기식 레슨에서(오른손잡이 기준으로) 왼쪽의 벽, 좌측 면의 벽을 만드는 것이 중요하다고 강조합니다. 좌측면의 벽이라 는 건 의식적으로 만들려 한다고 만들어지는 것이 아니라 결과적으 로 만들어지는 겁니다. 압력밥솥 같은 것을 두 손으로 잡고 흔들흔 들 해보면 좌측면의 벽이 저절로 만들어집니다. 왜일까요? 좌측면의 벽이란 압력밥솥에 끌려가지 않으려는 몸의 반사적인 운동일 뿐입 니다. 그것은 헤드의 무게를 더 무겁게 할수록 벽이 더욱 견고해진 다는 이야기와 같습니다. 스웨이 현상도 마찬가지입니다. 무거운 물 건을 흔들면 몸은 오히려 그 무게를 지탱하려고 몸의 움직임을 통제 하면서 중심을 잡으려 합니다. 스웨이가 심하다는 것은 골프 클럽의 무게가 만만하고 잔 근육으로 그것을 통제 가능한 물건일 때 가능한 이야기입니다.

프로들의 드라이버 임팩트 순간의 사진을 보면 헤드가 발생시 킨 무게 즉 원심력과 그것을 버티려고 안간힘을 쓰는 몸 사이의 아 름다운 균형을 보게 됩니다. 바디 턴 마스터는 보통 스윙을 하듯이 마구 휘두를 수도 없지만 그렇게 하려고 덤비면 절대 안 되는 물건 입니다. 처음에는 반 스윙 정도로 흔들흔들 그네 운동을 만드는 데 집중하고, 속도를 조금씩 늘리면서 풀 스윙까지 만들어 갑니다. 소리를 내는 것은 꿈도 꾸면 안 됩니다. 양손으로 하는 것이 익숙해지면 왼팔, 오른팔 번갈아 한쪽 팔로도 해봅니다. 어차피 그네 운동이기 때문에 처음 들어 올리는 것이 힘들지 왕복운동을 하면 힘들지 않아야 정상이죠. 왕복운동에 어느 정도 적응이 되면 백 스윙의 탑에서 정지 동작으로 버티기를 하는 것도 좋은 연습입니다. 악력을 기를 수도 있고 백 스윙 탑을 견뎌주는 근력도 강화됩니다. 또 백 스윙 탑을 유지하다 보면 스트레칭의 효과도 있습니다. 피니쉬 동작도 마찬가지입니다. 피니쉬를 유지하고 있으면 근력과 유연성의 확장에 도움이 됩니다.

임팩트 마스터, 채찍

● 아마추어와 프로의 스윙을 가르는 경계, 하수와 고수의 스윙을 나누는 경계가 바로 '터는 느낌이 있는 임팩트'입니다. 스윙의 화룡점정(畵龍點睛)과 같은 요소가 터는 느낌입니다. 임팩트는 힘을 주는 과정이 아니라 힘을 빼는 과정입니다. 그것을 동사로 표현하자면 '턴다'인 거죠. 사실 턴다는 운동은 그 자체로 어려운 운동이 아닙니다. 먼지떨이를 주고 먼지를 털라고 하면 못 하는 사람 없습니다. 빨래를 턴다는 것도 일상적인 운동이죠. 그런데 그 단순하고 명확한 운동을 말로 설명하려 들면 대단히 복잡하고 어려운 운동이 됩니다. 어떤 타이밍에 코킹이 되어야 하고 그것이 풀어지면서, 돌면서, 채면서… 정말 어렵습니다. 우리가 이미 잘하는 운동일 뿐인데 말입니다. 이미 할 줄 하는 운동임에도 골프에 접목하는 일이 만만치 않습

니다. 우리가 알고 있는 터는 도구들을 생각해보세요. 다 가볍고 경쾌합니다. 이제까지 골프의 비극, 스윙의 여러 난제가 골프 클럽을 너무 만만하고 가벼운 도구로 여겨서 생겼다면, 턴다는 운동이 안 되는 이유는 반대입니다. 골프 클럽을 너무도 무거운 물건으로 인식하는 의식 체계의 문제입니다. 아무리 가벼운 망치라 하더라도 망치를 가지고 털어보라고 하면 어떤가요? 털 수는 있지만 어쩐지 어색하죠. 조금 더 무거운 망치가 되면 터는 운동에 대한 의지 자체가 사라지고 맙니다. 그리고 그런 무거운 것을 가지고 터는 운동을 하다가는 관절이 성치 못할 것이라는 걸 직감적으로 느낍니다. 골프 클럽은 다운 스윙 구간을 지나면서 대단히 무거워지지만 사실 불과 300g의 물건일 뿐입니다. 털어서 못 털 것도 없는 물건이죠. 그런데 사람들은 금방 다가올 엄청난 무게감에 지레 겁을 먹고 터는 동작을 사전에 제한해버립니다. 임팩트와 팔로우 과정에서 발생할 무게감 때문에 다운 스윙 과정에서 동작을 통제하는 겁니다. 골프 스윙과 터는 동작을 결합하는 부분이 배우기도 어렵지만 가르치기도 참 어렵습니다.

언제 그분께서 오실지 모르겠지만 골프 스윙에서 터는 느낌은 꾸준히 연습을 지속해야 합니다. 가벼운 소재의 채찍 혹은 임팩트 마스터로 터는 연습을 해보세요. 관절에 무리가 가지 않는 범위 내에서 가볍게 털어보고 빈 스윙을 하면서 조금씩이라도 터는 느낌이 가미된 스윙으로 발전시켜가는 거죠. 처음부터 양손 양팔로 털면 어색합니다. 왜냐하면, 우리는 두 손으로 뭔가를 털어보지 않았잖아요. 그리고 두 손으로 털어야 할 만큼 무거운 것을 털 일이 거의 없습니다. 그러니 우선은 왼팔이든 오른팔이든 한쪽 팔로 터는 연습을 좀 하다가 익숙해지면 양손 양팔로 털어보는 겁니다. 양팔로 터는 것이 익숙해지는 것이 시작입니다. 임팩트 마스터로 터는 느낌을 불러일으키고 클럽으로 털어본 후 터는 느낌이 확실하다 싶으면 공을 쳐보는 반복이 필요합니다.

오버 스윙은 '동작을 크게 하지 않으면 헤드 스피드를 올릴 수 없다, 헤드 스피드가 안 나오면 거리가 안 난다'라는 불안감에서 비롯된 겁니다. 스윙에 터는 느낌이 가미되면, 일단 스윙이 대단히 간결해집니다. 동작을 크게 하지 않아도 엄청난 헤드 스피드를 확보할 수 있다는 새로운 차원의 운동을 경험한 결과인 거죠.

아이언은 드라이버보다 무겁습니다. 무게도 상대적으로 더 헤드 쪽으로 쏠려 있습니다. 그러니 드라이버에서 숏 아이언에 이르기까지 터는 느낌은 반비례해서 더 줄어듭니다. 같은 정도로 터는 느낌이 들지 않는다고 덤비면 안 됩니다. 당연한 겁니다.

팔은 수동적이면 수동적일수록 골프 스윙에는 좋습니다. 클럽을 붙들고 있는 것 외에 아무런 역할을 하지 않는 것이 최선인 거죠. 채찍을 몸으로 턴다는 의식을 끝까지 유지하는 것이 필수입니다. 몸의 회전으로 팔과 임팩트 마스터를 함께 턴다는 느낌을 충분히 익히세요. 가벼운 채찍도 세게 턴다고 생각하면 꽤 운동이 됩니다.

가르쳐 보면, '털기' 동작은 자기 몸을 보호하려는 방어기제가 작동하는 아주 민감한 부분이라는 걸 알 수 있습니다. 조금이라도 무게감이 있는 것으로 털면 금방 팔 관절과 어깨에 무리가 온다는 걸 느낄 수 있습니다. 의학적인 용어를 잘 몰라서 저는 그저 '관절력'이라고 표현하는데 팔이 당겨질 때 관절이 견디는 힘을 관절력이라고 한다면 터는 동작을 원활히 하기 위해서는 필히 관절력의 강화가 전제되어야 합니다. 뼈와 뼈를 연결하고 있는 인대를 강화할 방법은 없으니 인대를 둘러싸고 있는 근육을 강화해야 합니다. 이를 위해 철봉 운동, 팔굽혀펴기, 매달리기, 던지기 등의 운동을 추천합니다.

궤도 연습기

● 스윙 발전에 획기적인 역할을 하는 것은 스윙 궤도에 대한 직관적인 이해입니다. 클럽 샤프트로 하나의 면을 만든다는 이론은 많은 프로, 선생들이 이야기하지만, 그것을 직관적인 이미지로 상상하는 것은 그리 쉽지 않습니다. 세상에 스윙 궤도를 연습시키는 도구들은 많지만, 면의 이미지로 만들어진 것은 없었습니다. 그래서 제가 궤도에다가 판을 붙여서 면을 만들어 버렸죠. 궤도 연습기, 아주 좋습니다. 초보자들의 레슨이나 상급자들의 스윙 교정에 이만한 도구가 없습니다. 게다가 스윙 몬스터나 로테이션 마스터같이 면이 넓은 연습

도구로 궤도의 면에 샤프트, 클럽페이스의 면을 맞춘다는 느낌을 더해주면 스윙 모션에 대한 자잘한 고민이 싹 없어집니다. 궤도를 이해하고 그 면을 그저 따라가는 이미지가 만들어지면 초보자들의 스윙이 획기적으로 진화합니다. 손의 각도가 정해지고 팔의 모양이 저절로 만들어집니다. 면을 맞추려 하다 보니 로테이션 동작이 저절로 되고 팔로우가 멋스러워지면서 피니쉬가 자연스럽게 완성됩니다. 제가 만들었지만 기특합니다.

더 효과적인 것은 궤도 연습기 안에서 어느 정도 반복을 하고 나면 궤도 언습기 밖에서도 마치 아우라를 느끼는 것처럼 스윙의 궤도를 느낄 수 있습니다. "궤도 연습기가 둘러싸고 있다고 가정하고 해보세요."라는 설명으로도 인 아웃이 되었는지, 아웃인이 되었는지 스스로 느껴지고, 페이스가 스윙 궤도와 평행을 이루는지 틀어져 있는지도 알아차릴 수 있게 됩니다.

궤도 연습기는 전 세계 어디에도 없습니다. 오직 행복골프훈련소에만 있습니다.

스윙 발판

● 약방에 감초가 있다면 스윙 레슨의 감초는 바로 이 스윙 발판입니다. 간단하고 편한 도구지만 용도는 다양합니다. 모든 스윙 연습에 그냥 끼워서 함께 연습해도 좋습니다. 오른쪽이든 왼쪽이든 스웨이를 방지하는 데도 좋고, 무릎의 과다한 사용을 통제하는 데도 좋습니다. 하체 전체의 통제력을 강화하는 도구로 더할 나위 없이 좋고, 체중 이동을 연습하는 도구로도 손색이 없습니다. 단순하고 간단한 도구라 우습게 보면 안 됩니다.

사용 방법도 간단합니다. 움직임이

과하다 싶은 쪽의 발밑에 두고 지그시 밟은 후 스윙 연습을 하면 됩니다. 실외 드라이빙 레인지에서 실제 샷을 할 때 활용해도 무방합니다. 퍼팅이나 숏게임을 연습할 때도 좋습니다.

비치볼

● 골프에 필요한 동작에서 팔만 따로 움직이는 것은 없습니다. 가장 가볍고 단순한 동작인 퍼팅조차도 그러합니다. 온몸이 함께하는 것이고, 운동의 주도성이라는 관점에서 보자면 몸통, 허리, 엉덩이 등의 큰 근육이 먼저 움직이고, 팔이나 손 어깨 등의 작은 근육들은 수동적으로 움직여야 합니다. 그래야 실수가 줄어들고 에너지 효율이 좋은 샷을 만들 수 있습니다. 그런데 작고 가벼운 클럽으로 가면 갈수록 자연스럽게 작은 근육으로 운동하고자 하는 욕구가 생깁니다. 퍼팅과 어프로치 샷 정도로 가면 그런 욕구는 극에 달하죠. 잔근육을 사용하는 스윙과 샷으로 못 할 것

없지만, 일관성에서 또 실수 방지에서 효율이 현저히 떨어집니다. 팔과 몸이 분리되는 것을 원천적으로 방지하고, 몸과 팔이 함께 움직이는 느낌을 주는 도구로 '비치볼'만 한 게 없습니다. 양팔의 중간에 비치볼을 끼고서 어프로치와 퍼팅을 해보면 몸통으로 하라는 것의 의미와 큰 근육을 사용하며 일관성이 향상되고 실수가 줄어드는 것을 직관적으로 느낍니다. 작은 근육으로 하면 아드레날린 분비의 영향을 크게 받아 긴장과 스트레스 상황에서 더 약해집니다.

팔 동작 제한의 이점은 비단 퍼팅과 어프로치에만 해당하는 것이 아닙니다. 풀 스윙에서도 테이크어웨이 동작까지는 몸통과 팔이 함께 움직이는 것이 좋습니다. 어깨높이 정도 가면 몸통과 팔이 분리되지만, 그전까지는 함께 움직이는 것이 맞죠. 물론 임팩트와 팔로우에서도 일정 구간 몸통과 팔은 함께 움직입니다. 그러니 비치볼을 가슴의 중앙에 놓고 양팔로 고정한 후 쿼터 스윙을 연습하면 큰 효과가 있습니다. 단 비치볼을 완전히 팽팽하게 바람을 넣는 것이 아니라 2/3 정도만 바람을 넣어서 사용해야 합니다. 그래야 몸에 착 달라붙어요.

비비탄

아이들이 총싸움 놀이를 할 때 쓰는 그 플라스틱 총알, 비비탄 맞습니다. 비비탄은 샷을 연습할 때 시선 처리를 어떻게 해야 하는 지 이해시키는 데 탁월한 효과가 있습니다. 시선 착각에서 자세히 설명한 것처럼 초보자들은 공을 3D 입체로 인식하지 못하고, 2D 평면으로 인식합니다. 공을 지구본으로 비유했을 때 공을 봐야겠다는 의지가 담긴 시선은 '북극'에 닿아있지만 실제로는 '호주의 시드니' 쯤을 보는 것이 좋습니다. 공의 탑, 북극을 보고 있으니 북극을 치게 되는 것이고 그것이 '탑핑' 입니다. 몸을 정지하고 있는 상태에서 그런 현상이 더욱 심하게 나타납니다. 공과 비비탄을 나란히 놓고 보면 공을 면이 아닌 구로 인식할 수 있습니다. 공과 비비탄을 함께 친다는 의지를 가질 때 공을 제대로 맞힐 수 있으며 집중력 연습을 할 때 또한 큰 역할을 합니다. 아이언 샷을 할 때는 공 앞에 놔주고, 우드를 칠 때는 공 바로 뒤에 놓아 줍니다. 드라이버든 아이언이든 우드든 스윙의 최저점에 비비탄이 위치하는 것이죠. 탑핑 방지에 탁월한 효과가 있어서 탑핑 방지용 약이라 불릴 만합니다.

긴 나무 봉

● 긴 나무 봉은 스윙의 학습 과정에서 꽤 유용한 도구가 됩니다. 골반은 거의 수평적인 회전을 하고, 어깨는 척추가 기울어진 만큼만 기울어진 원운동을 해야 하는데 과도하게 기울어지거나 필요 이상으로 많이 회전하는 등 전혀 엉뚱하게 동작하는 사람들이 많거든요. 봉이 없는 상태에서도 몸의 움직임을 느낄 수는 있지만, 봉을 들고 스윙 동작을 해보면 더 직관적으로 몸의 잘못된 움직임을 발견할 수 있습니다. 바지에 양쪽 엄지손가락을 넣고 골반에 봉을 바짝 끌어 붙여서 스윙 동작을 해보면 골반의 움직임을 직관적으로 알 수 있고, 어깨에 봉을 걸치고 스윙을 해보면 어깨의 움직임 또한 직관적으로 느껴집니다. 또 봉은 스윙하기 전 스트레칭 동작 도우미로도 좋습니다.

스윙 몬스터

● 행복골프훈련소가 자체 개발한 스윙 몬스터는 로테이션 마스터
와 임팩트 마스터를 결합한 다기능 연습도구입니다. 작은 근육을 사
용하는 불안정한 로테이션 동작을 교정하면서 터는 느낌을 연습할
수 있습니다. 상당히 무게가 나가는 연습도구기도 해서 큰 근육을
사용하게 하는 효과도 있습니다. 이제까지의
연습도구 중에서 가장 탁월한 도구라 생각합
니다. 스윙 궤도 연습기와 결합해서 면을 맞
춘다는 감각으로 연습하면 스윙의 다양한 몸
놀림을 설명이 필요치 않을 만큼 직관적으로
이해할 수 있습니다.

동작을 잡아 주는 걸상

● 좌측이든 우측이든 골반이나 무릎이 밀리는 동작들을 그렇게 하지 말라고 이야기하면 그 생각에 집중하게 되면서 다른 동작들의 왜곡이 일어나게 됩니다. 그래서 말로 지적할 것이 아니라 움직임이 잘못되면 바로 피드백을 받을 수 있도록 조치하는 것이 좋습니다. 가장 간단한 도구는 동그란 걸상입니다. 밀리는 쪽에 놓던지 받쳐 놓으면 바로 피드백을 받으면서 잘못된 스윙을 교정할 수 있습니다. 연습의 목적은 아무 생각 없이 자동화된 동작을 몸에 익히는 것입니다. 생각은 운동을 통제할 수 없습니다. 생각 없는 반복만이 자동화된 동작, 무의식적인 동작을 만들어 냅니다.

팔의 구부림을 막는 밴드

● 팔이 약간 굽는 것은 상관이 없지만, 많이 굽어지는 것은 말리고 싶습니다. 팔이 지렛대 역할을 하면서 2중 진자 운동을 하면 훨씬 더 효과적으로 헤드 스피드를 올릴 수 있기 때문입니다. 팔꿈치 부분이 굽어지지 않도록 고정하고 팔을 편 자세로 스윙을 할 수 있도록 도와주면 어렵지 않게 새로운 경험을 하게 됩니다. 게다가 팔꿈치가 꺾어지는 변수가 하나 더 생기면 스윙의 일관성 확보도 어렵습니다. 처음부터 고치려 애쓸 것은 없지만 스윙이 어느 정도 발전하면 한 번은 교정해주는 것이 좋습니다.

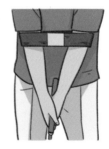

무릎을 잡아 주는 밴드

오른손잡이 기준으로 오른쪽 무릎은 시계태엽의 스토퍼 기능을 담당하고 있습니다. 스토퍼가 안정이 안 되면 아무리 태엽을 감아도 헛돌죠. 에너지의 축적이 이뤄지지 않습니다. 오른쪽 무릎이 잘 고정되어 있을수록 근육의 활용이 쉬워지면서 큰 근육의 텐션을 느낄 수 있습니다. 스윙이 수직 운동이라고 생각하는 마음의 오작동이 발

동하면 무릎은 잘 고정되지 않습니다. 말로 무릎을 고정하라고 백 번 이야기하는 것보다 왼발과 연결해서 묶어주면 오른쪽 무릎은 완전히 고정됩니다. 실제 공을 칠 때 장착하고 해도 효과가 있습니다. 오버 스윙을 막아주기도 하고 백 스윙을 많이 하지 않아도 상당

한 비거리를 얻는 경험을 할 수 있습니다. 백 스윙을 많이 하기보다 백 스윙의 퀄리티를 높이는 것이 더 중요하다는 걸 체득하게 되죠.

스피드용 회초리

● 회초리를 들고 쉭, 쉭 소리를 내보라고 하면 누구나 쉽게 그 동작을 합니다. 얇은 작대기를 들고 휘둘러 소리 내는 동작은 본능 속에 있는 겁니다. 배우지 않아도 할 수 있는 동작이라는 거죠. 사실 스윙은 회초리 들고 소리 내는 동작일 뿐입니다. 끊임없이 이야기하지만, 스윙은 새롭게 배울 것이 없습니다. 단지 클럽이 가느다란 회초리가 아니라는 사실이 어려운 거죠. 스윙이 단지 회초리 질이라는 것을 상기시켜주는 도구로는 진짜 회초리나 회초리처럼 아주 가볍고 날렵한 도구가 좋습니다. 잊었다 싶을 땐 얇고 가느다란 도구로 스피드에 집중해서 스윙 연습을 해보

세요. 몸의 기억이 되살아납니다. 스윙은 휘둘러 소리를 내는 운동입니다.

티슈 박스

● 궤도가 본인의 의도와는 다르게 엎어 들어온다거나, 너무 안쪽으로 기울어 들어올 때, 궤도의 일탈을 막아주는 가림 판 같은 것이 있으면 좋습니다. 그렇지만 굉장히 빠른 속도로 엄청난 파괴력을 가진 클럽이 움직이기 때문에 혹시 건드리더라도 몸이 상하지 않을 장치여야 합니다. 그런 면에서 티슈 박스를 강력히 추천합니다. 이런저런 장치들을 고안하기도 하고 사서 써보기도 했는데 제일 저렴하고 간편하면서 요긴하게 쓸 수 있는 것이 티슈 박스였습니다. 선물로 많이 들어오기도 하지만, 수강생들이 연습하다가 망가뜨리면 하나씩 또 사 오기도 해서 티슈가 떨어질 날이 없어요.

어떤 장애물이든 장애물은 닿으면 안 되는 것이고, 그것에 닿으면 다친다, 아프다는 감정을 동반합니다. 사람이 무언가를 기억하는 메커니즘을 볼 때 감정과 연결되면 잘 기억하고 오래 기억합니다. 그중 가장 강하게 기억에 남는 것이 뭔지 아세요? 바로 공포의 기억입니다. 두려움이죠. 스윙을 연습할 때 장애물을 설정해놓고 연습을 하는 것은 그런 측면에서 대단히 효과적입니다.

상체가 먼저 구동해서 아웃인 궤도가 형성되었다면 아웃인 궤도가 성립될 수 없는 지점에 장애물을 설치해주는 겁니다. 그러면 그 장애물에 닿지 않게 하려고 온몸의 근육이 연동해서 새로운 운동을 만들어 냅니다. 인 아웃이라면 아웃 사이드 쪽에 설치하면 되겠죠. 생크가 나면 공 바로 뒤에 장애물을 설치해 주면 바로 치유가 됩니다. 장애물은 어떤 이미지를 창출합니다. 그런 면에서 장애물은 교육 효과가 뛰어납니다. 운동은 말이나 생각에 통제되는 것이 아니라 이미지에 의해 통제되는 것이니까요.

스윙의 이미지를 느끼게 돕는
보조도구들

● 교육은 시청각, 공감각을 모두 자극할 때 더욱 효과가 좋습니다. 주변에 이런저런 도구를 동원해서 수강생들이 스윙의 본질을 직관하도록 돕는 일은 어쩌면 선생의 본분이 아닐까 싶습니다. 제가 쓰고 있는 몇 가지 소소한 도구를 소개합니다.

일본 소고

손바닥 사이에 두고 비벼서 소리를 내는 일본 소고가 있습니다. 스윙의 원리를 설명한 후 눈으로 보고 느끼게 도와주는 학습용 도구로 이만한 것이 없습니다.

저는 늘 가까이 놓고 틈만 나면 수강생들에게 보여줍니다. 일본 소고는 움직이는 건 몸통이고, 팔은 따라다닐 뿐이라는 것을 설명하기에 좋은 도구입니다.

고무 밴드 혹은 새총

오른쪽 무릎을 출발점으로 엉덩이, 허리를 돌고 광배근을 지나 어깨너머에서 손까지, 스포츠 고무 밴드를 감습니다. 그리고 스윙하는 모습을 보여주죠. 우리 몸에서 가장 큰 근육들이 망라된 길이죠. 그 근육들이 늘어나는 것이 마치 고무줄이 쭉 늘어나는 느낌입니다. 그 느낌을 고무 밴드가 늘어나면서 극적으로 잘 보여줍니다. 쫙 늘렸다가 일시에 탁 튕겨주는 느낌, 마치 새총을 쏘는 듯한 느낌이죠.

스트라이크 보드

요즘 사람들은 뭔가를 두드리고 때리고 깨 본 경험이 없습니다. 특히 여자들은 더 그렇죠. 그래서 클럽을 떨어뜨리지를 못해요. 아이언은 특히 떨어지는 느낌이 중요한데 '두려움' 때문에 떨어지는 것을 오히려 잡으려 해요. 자유낙하를 해도 떨어질 것을 자기 힘으로 방해하며 스윙하는 겁니다. 중력, 지구가 도와주겠다고 하는 힘을 전혀 활용하지 못하는 거죠. 스트라이크 보드가 아니더라도 자작나무 합판 같은 것으로 판을 만들고 그 위에 클럽을 떨어뜨려 보게 한 후 스윙을 직접 시켜봅니다. 힘을 빼면 자연스레 클럽이 떨어지면서 샷이 됩니다. 클럽을 떨어뜨리는 느낌을 아는 데 탁월한 효과가 있습니다.

손수건과 작은 망치

물을 터는 동작과 망치질을 하는 동작이 얼마나 다른 동작인가를 느끼게 해주는 도구입니다. 간단하지만, 내가 지금 터는 동작을 하고 있는지 망치질을 하고 있는지 완전하게 구별할 수 있도록 도와줍니다. 선생이라면 레슨 현장에 꼭 비치하고 있어야 합니다.

처방대로 했는지
꼭 확인하세요

● 좋은 선생은 말로 지적만 하는 것이 아니라 세상의 다양한 물건을 활용해 느낌을 잘 전달해야 합니다. 그런 물건이 잘 찾아지지 않으면 스스로 교구를 만들어서 필요한 느낌을 전달하고자 애써야 합니다. 또한, 좋은 선생은 레슨을 많이 하는 사람이 아니라 숙제를 잘 내주는 사람입니다. 어쩌면 숙제를 내기 위해서 레슨을 하는 것이라 해도 무방합니다. 그런데 숙제를 내주는 선생보다 더 좋은 선생은 어떤 선생인 줄 아세요? 숙제를 잘 하고 있는지를 늘 살피는 선생입니다. 숙제만 잔뜩 내주고 확인을 하지 않으면 학생들은 숙제를 안 해도 된다고 생각해요. 할 수 있을 만큼의 숙제를 내주고 계속 관심을 가지고, 숙제를 다 했을 때 적절한 보상을 해주는 그런 선생이 수강생을 훌륭하게 키워낼 수 있는 겁니다.

2장

다양한 병증의 치유

실수가 반복되면 '병증'입니다

● 샷을 하다 보면 한두 번이 정도가 아니라 신경쓰일 정도로 반복되는 실수가 있습니다. 우리는 이런 현상을 '병증'이라고 부릅니다. 병증은 동작의 오류와 마음의 오작동을 살짝 교정하여 바로 나아지기도 하지만 시간이 누적되어 습관이 되어버리기도 합니다. 이때 병증에서 나름의 일관성이 발견된다면 이 병증을 꼭 고쳐야 하는지 먼저 생각해봐야 합니다. 습관이 되어버린 동작을 고친다는 것은 정말 힘겨운 일이거든요. 만약 일관성까지 있는 병증이라면 그냥 그대로 골프를 즐기는 것이 훨씬 더 좋을 수도 있습니다. 일관성만 있다면 그 상태로 싱글을 하는 것도 가능하지 않나요?

골프에서 나타나는 병증은 기본적으로 마음의 오작동으로부터 기인하는 병증들입니다. 그런데 이 병증들의 근본적인 원인을 해결하지 않고 결과적으로 드러난 문제들만 해결하려고 하면 2차 병증으로 발전합니다. 원인과 결과를 혼동하여 고치는 데 실패한 병증, 잘못된 레슨으로 만들어진 병증, 온갖 처방에도 효과를 보지 못해 아마추어 스스로 진단하고 처방하여 생긴 병증 등 어떤 현상에 대한 왜곡된 지침들이 하나의 형태로 고착되고 맙니다. 이 세 가지가 서로 어우러지고 결합하면 너무도 독창적인 스윙 폼을 만들고, 다양한 병증을 만들어 내지요. 또 여기에 화나 짜증, 욕심, 두려움이 더해지면 더욱 기기묘묘한 샷의 향연이 벌어집니다.

진단하기

병증을 치료하기 전에 먼저 봐야 할 것은 일관성입니다. 몸을 충분히 풀고 나서 열 개의 공을 프리 샷 루틴을 지키면서 실전처럼 치게 합니다. 열 개 중 과연 몇 개의 공이 본인이 고치고 싶은 병적 증세로 나타나는지를 함께 살펴봅니다. 병증을 고치는 것은 그리 간단한 문제가 아닙니다. 습관이 된 잘못된 젓가락질도 얼마나 고치기 어려운데요. 일관되지는 않은데 스스로 병증이라고 판단하는 경우는 스윙 자체가 아직 미숙하거나 안정되지 않아서 그럴 수도 있고, 심리적 불안정에 기인했을 수도 있습니다. 이도 저도 아니라면 그 병증에 대해 스스로 내리는 즉각적인 조치들이 샷을 끊임없이 변화

시키고 있을 수도 있지요. 후자의 경우라면 그 자체가 덩어리로 병증인 거죠. 예를 들어 '슬라이스와 그것을 방지하기 위한 나름의 조치들' 식의 합병증으로 봐야 합니다. 앞에서 언급했듯 만약 병증에서 나름의 일관성이 발견된다면 꼭 고쳐야 하는지 판단할 필요가 있습니다. 습관이 되어버린 동작을 고친다는 것은 정말 힘겨운 일이지만 일관성이 있다면 전략을 더해 그대로 골프를 즐겨도 싱글을 노려봄 직하거든요. 부처님도 이야기하셨습니다. "병 없이 살기를 바라지 말라." 누구나 병 한두 가지는 갖고 있으며 아픔을 안고 살아간다는 거죠.

또 나름의 일관성이 있다면 굳이 스윙을 건드리지 않고도 해결하는 방법이 있습니다. 바로 '클럽 피팅'입니다. 슬라이스든 훅이든 비거리의 문제든 10% 내외의 문제 해결이 가능하다는 것이 전문가들의 의견이고 저도 공감합니다. 내 몸과 스윙에 맞지 않은 클럽으로 인해 문제 상황이 발생, 유지되고 있었을 가능성도 다분합니다. 초보자는 자신의 신체적 특성에 맞는 클럽으로 골프를 시작해야 한다는 면에서 피팅이 중요하고, 상급자는 자신의 몸과 스윙에 클럽이 잘 어우러지는지를 항상 점검해야 합니다. 스윙은 변하거든요. 실제로 레슨에서는 되도록 병증을 인정하고 그냥 살자, 행복하게 골프를 즐기는 것이 더 중요하다고 강조합니다.

나름의 일관성이 있지만 그래도 고쳐야 하는 경우는 너무 심하게 왜곡된 상황, 예를 들면 슬라이스가 너무 심한 경우, 건강을 해치거나 부상의 위험성이 다분한 경우, 비거리가 너무 안 나오는 경우 등입니다. 그게 아니면 본인이 간절히 원할 경우죠.

롱게임, 풀 스윙에서 병증의 치료는 어떤 병이든 장기적인 과제입니다. 몇 번의 레슨으로 어떤 병증이 호전될 것이라는 생각을 버려야 합니다. 그래서 되도록 풀 스윙은 건드리지 않는 것이 레슨의 지혜, 레슨을 업으로 해온 사람들의 상업적인 노하우입니다. 생각의 습관을 바꾸기도 어렵지만, 몸에 밴 습관을 고치는 것은 정말 어렵습니다. 레슨의 목적은 필드 골프든 스크린골프든 '스코어 향상'에 포커스를 맞춰야 합니다. 그렇게 봤을 때 무엇을 먼저 가르치고 고쳐야 할 것인지 우선순위를 정하고 완급 조절을 하는 겁니다. 스윙을 근본적으로 뜯어고치는 것은 1~2년 꾸준히 레슨을 받겠다는 전제하에서만 가능한 일입니다. 그런 고객이 그렇게 많을까요? 일단 스코어가 향상되어야 관계도 계속됩니다. 지속적인 관계를 확보해야 비로소 롱게임을 개선할 전제 조건이 확보되는 겁니다.

병증은 한 가지라 하더라도 원인은 대단히 복잡하고 중층적일 수 있습니다. 어떤 문제를 우선 해결하고 어떤 문제를 나중에 해결할지 순서와 절차를 정하는 것이 진단 과정에서 대단히 핵심적인 과제입니다. 병증을 진단할 때 가장 중요한 또 한 가지는 급성병인지 만성병인지를 파악하는 것입니다. 급성병은 쉽게 고쳐지지만, 만성병은 그 병이 형성된 세월이 길기에 시간과 노력이 많이 들겠죠. 그래서 문진이 굉장히 중요한 것이고, 선생 혹은 코치가 그 사람의 골프 라이프 전체를 파악하는 것이 대단히 중요한 겁니다.

치유하기

진단한 후에는 치유 혹은 수술을 합니다. 수강생의 병증에 대해 본인이 이해할 수 있도록 충분히 설명을 해주는 시간입니다. 문제의 발생이 어떤 지점이었고, 그것을 치료하기 위해 어떤 노력을 했는지 확인하고 현재 2차 병증이 어떻게 진행된 상태고, 이것을 어떤 절차를 거쳐 해결할 것이며 어느 정도의 시간과 노력이 드는 문제인지를 확실히 제시합니다. 이런 소통 자체가 저는 치유의 과정이라고 생각합니다.

본격적인 치유의 과정은 새로운 운동 경험을 함께하는 과정입니다. '때리기(망치질)' 때문에 병이 생겼다면 휘두르기를 통해서 얼마나 쉽게 공을 보낼 수 있는지를 선생과 함께 체험해봅니다. 직진 착각으로 슬라이스가 나고 있었다면 로테이션을 함께하며 똑바로 날아가는 공을 보여줍니다. 마음의 오작동과 하는 싸움을 선생이 옆에서 도와주는 감격과 감동의 자리이고 그것이 바로 치유입니다. 가끔은 급하게 수술이 필요한 상황도 있습니다. 급성병의 경우가 그렇습니다. 특히 생크 같은 병은 빨리 강제적으로 처리하지 않으면 심리적인 병으로 발전해서 꽤 오랜 시간 고생할 수도 있습니다. 그런 경우는 장애물을 활용해서 온몸으로 느껴보도록 한 후 차분히 설명하는 시간을 갖습니다.

처방하기

처방은 약 즉, 연습도구를 제시하는 것이고 그것을 어떻게 사용할 것인지 연습방법을 알려주는 것입니다. 사실 치유나 수술보다 더 중요한 것은 새롭게 경험했던 운동을 스스로 체득하면서 새로운 습관을 만들어 가는 과정입니다. 선생과 함께 비거리를 늘리거나 슬라이스를 고치는 건 마음의 오작동에 새로운 운동 경험을 입혀 문제를 해결하는 짜릿한 경험을 한 것일 뿐입니다. 처방 그 자체로 대단한 성과를 내기도 하지만, 스스로 꾸준한 반복을 통해 새로운 습관을 만들어 내지 못한다면 단순히 머릿속을 복잡하게 만드는 또 하나의 지침이 되어버릴 수 있죠.

처방은 단순하고 명쾌해야 합니다. 한꺼번에 여러 문제를 동시에 해결하려 들면 안 됩니다. 한 번에 하나의 문제를 극복하는 것을 목표로 삼고, 여러 가지 연습을 동시에 제시하지 않는 것이 좋습니다. 급성병은 일주일 혹은 한 달이면 해결할 수 있습니다. 하지만 만성병의 경우는 기본 3개월은 봐야 하고 경우에 따라 1년이 걸릴 수도, 2년이 걸릴 수도 있습니다. 처방을 잘 따르고 있는지, 중간에 다른 부작용은 없는지, 진행 과정을 세밀히 살피는 것이 어쩌면 선생으로서 가르치는 것보다 더 중요한 역할일지도 모릅니다.

슬라이스

● 아마추어들이 겪는 가장 보편적이면서 고질적인 병이 슬라이스
입니다. 만성 슬라이스도 있고 멀쩡하다가 뜬금없이 나타나는 급성
슬라이스도 있습니다. 거의 모든 아마추어가 슬라이스를 겪었고, 지
금도 그 병은 잠복해있거나 자가 진단,
대중요법 레슨 후유증으로 시달리고
있을 겁니다. 슬라이스는 완치
없는 병처럼 보입니다. 슬라이스
를 좀 잡았다 싶으면 슬라이스를
잡느라 실행한 여러 조치가 훅을
초래합니다. 조심스럽게 훅을 또
잡아놓으면 도로 슬라이스로 가

거나 현저히 거리가 줄어버리는 등 다른 문제가 생기기도 하죠. 많은 골프 교습가가 슬라이스를 고치려 덤벼들었고, 다양한 연습도구가 슬라이스 퇴치를 외치며 만들어졌습니다. 그런데 왜 슬라이스는 여전한 것일까요?

열이 나는 환자가 있습니다. 그런데 그 열의 원인을 염증이라 가정해봅시다. 몸은 염증과 싸우느라 열이 나는 겁니다. 그런데 의사가 단순히 열이 난다는 문제를 해결하기 위해 해열제를 투입하면 어떻게 될까요? 열은 내리겠지만 염증은 어떻게 되는 거죠? 물론 현실에서 그런 일은 없습니다. 현명한 의사는 항생제나 소염제도 함께 처방하니까요. 그런데 지금껏 골프 레슨에서 슬라이스를 해결해온 과정을 보면 열난다고 해열제만을 준 것과 무엇이 다른가 싶습니다.

슬라이스의 원인으로 그립의 문제, 궤도의 문제, 스탠스와 셋업의 문제, 지나치게 빠른 몸의 회전 등을 들고 있습니다. 몇 개의 이유가 복합적으로 나타나기도 합니다. 그러니 수십 가지의 슬라이스 원인이 있는 것이죠. 하지만 프로들이 지적하는 모든 문제 상황에서도 저는 슬라이스를 내지 않을 수 있습니다. 또 역으로 모든 슬라이스 방지용 조치들을 받아들이고도 저는 슬라이스를 낼 수 있습니다. 이것은 저만 그런 것이 아니라 프로들이라면 그 정도는 능히 할 수 있는 일일 겁니다. 그러니 슬라이스라는 현상에 그런 편치 않은 동작들이 발견되는 것은 사실이지만 그것이 진정한 원인이 아니라고 말할 수 있습니다.

한 가지 분명한 것은 손목과 팔 운동의 불완전성이 핵심적인 이유라는 겁니다. 손목 운동의 불완전함, 부족함의 원인은 무엇일까요? 훅은 손목의 놀림이 과해서 생기는 병이고 슬라이스는 손목의 놀림이 모자라서 생기는 병입니다. 손목 운동 부족의 오류의 원인은 마음의 오작동 '직진착각'과 '때리기'가 있습니다. 바로 그 마음의 오작동을 해결하지 않는 한 슬라이스라는 병은 사라지지 않습니다. 사라졌다 해도 그것은 잠복하고 있는 것이고 다른 병으로 전이 되었을 뿐입니다.

근본적인 오류를 해결하지 않고 동작의 오류만 고치려 하니 레슨을 받을 때는 고쳐진 것 같은데 조금 지나고 나면 다시 그 자리입니다. 그동안 해왔던 동작이나 습관을 고치기도 쉽지 않습니다. 그래서 레슨받아 봐야 소용없다는 '레슨 무용론'이 팽배해졌지요. 아마추어들은 '마음의 오작동'에 대해서는 알지 못하고, 골프 선생들의 지적대로 동작의 오류는 고치기가 너무 힘이 드니 그냥 눈에 띄는 대로 손쉬운 조치들을 혼자 합니다. 그렇게 끊임없이 자가 진단, 자가 처방을 하지만 결과적으로는 2차 병증으로 발전합니다. 그럼 슬라이스의 2차 병증들을 알아볼까요?

① 클럽페이스를 닫고 치는 현상

가장 손쉽게 눈에 띄는 것은 클럽페이스를 닫고 치는 현상입니다. 아무리 해도 클럽페이스가 열려서 맞으니 아예 처음부터 닫아놓고 치는 겁니다. 아주 무모하고 1차원적인 조치지만 즉각적인 효과도 있습니다. 일정한 클럽헤드의 스피드가 유지될 때는 나름대로 효과가 있지요. 하지만 헤드 스피드가 조금이라도 달라지면 전혀 쓸모가 없어집니다. 그리고 극단적으로 공이 왼쪽으로 날아갈 위험 또한 공존합니다.

② 스탠스를 '훅 스탠스'로 서서 치려는 동작

궤도를 조절해서 슬라이스를 잡아보겠다는 깜찍한 시도입니다.

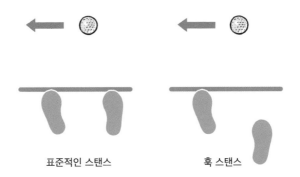

표준적인 스탠스　　　　　훅 스탠스

이 또한 아주 흔히 볼 수 있는 2차 병증이지만, 로테이션 동작이 원활할 때나 의미 있는 조치이지 임시방편이기는 마찬가집니다. 훅으로 발전할 가능성도 크고, 극단적인 슬라이스가 날 확률도 높은 조치입니다.

❸ 훅 그립으로 잡는 현상

사실 이 정도의 조치를 할 수 있는 사람은 나름 클럽페이스의 운동을 이해하고 있는 사람입니다. 클럽페이스의 자연 회전력을 증가시켜서 슬라이스의 문제를 해결해보겠다는 것인데, 문제 해결의 방향은 잘 선택한 것입니다. 그렇지만 이 또한 슬라이스를 지나 훅으로의 급진전이 걱정입니다. 무엇이든 과하면 안 되는 겁니다.

❹ 셋업 상태에서 심하게 핸드 퍼스트 되어있는 현상

셋업 상태에서 그립을 목표 쪽으로 이동시켜서 잡으면 임팩트 시에 클럽페이스가 닫혀서 들어올 가능성이 크기는 합니다. 그런 원리를 활용하겠다는 건데, 클럽페이스를 닫고 치는 것보다는 나름 진화된 해결책입니다. 하지만 이것도 일정한 헤드 스피드에서나 가능한 이야기지 현실에서는 꿈같은 이야기입니다.

❺ 아웃인 궤도

공이 하도 밀리면서 오른쪽으로 날아가니까, 다운 스윙에서 공

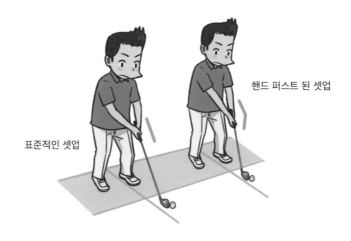

표준적인 셋업

핸드 퍼스트 된 셋업

을 좀 더 왼쪽으로 보내겠다는 의지가 스윙의 궤도를 아웃에서 인으로 만들기도 합니다. 이것은 더욱 심한 슬라이스가 되어버릴 위험성이 있습니다.

이상 슬라이스로 인한 2차 병증들을 살펴봤습니다. 어느 하나를 고집하는 사람도 있고 몇 가지의 조치들이 섞인 경우도 있습니다. 어설픈 해결책과 나쁜 해결책을 합쳐 놓으니 가끔 좋은 샷이 나오기도 하지만, 모든 조치는 대부분 헤드 스피드의 감소로 나타납니다. 조건과 상황이 달라지면 전혀 다른 결과를 초래할 임시방편적 조치들의 결합이기에 언제 어떤 샷이 나올지 늘 불안할 수밖에 없습니다.

진단

❶ 일관성의 확인

모든 병을 바라볼 때 중요한 것은 본인이 병증이라고 생각하는 것이 얼마나 일관되게 나타나는지를 봐야 합니다. 충분히 몸을 푼 후에 최소한 열 개의 샷을 해보고 병증이 나타나는지를 관찰합니다. 그렇게 하는 과정에서 반복부족으로 인한 샷 전반의 불완전성인지, 진짜 병적 상황인지가 드러납니다.

❷ 만성과 급성

그리고 병증에 나름의 일관성이 보인다면 이것이 급성으로 온 것인지 만성적인 것인지를 물어야 합니다. 문진이라고 하지요. 급성이라면 어떤 상황에서 발생하고 시간이 얼마나 지났는지 물어야 합니다. 또 급성은 일회성 레슨으로도 고칠 수 있지만, 만성이라면 상당한 기간이 걸린다는 것을 알려줘야 합니다.

❸ 직진착각

때리지 않고 시원하게 휘두르면서 피니쉬까지의 과정도 그닥 무리 없이 자연스러운 흐름이 있는데 슬라이스가 나고 있다면 그 사람의 스윙은 직진착각의 지배를 받고 있다고 봐야 합니다.

❹ 때리기

우선, 때리기를 하고 있는지 휘두르기를 하고 있는지를 봐야 합니다. 그 어떤 스윙도 때리기의 요소가 완전히 배제되기는 어렵습니다. 프로라도 그런 요소가 일부 남아 있기도 하거든요. 그렇지만 전체 스윙 대부분이 때리기고 그 때리기가 스윙 전체를 지배하고 있다면, 슬라이스도 슬라이스지만 거리의 손실도 만만치 않을 것입니다. 몸의 부상도 염려가 되고요. 때리기로 스윙하는 사람은 팔로우를 지나 피니쉬 동작이 잘 안 되고 있을 것입니다. 아니면 아주 작위적인 이단 동작으로 피니쉬를 할 수 있습니다.

❺ 2차 병증 확인

그다음으로 봐야 할 것은 슬라이스에 대한 자가 치유의 과정에서 형성된 2차 병증들이 있는지, 얼마나 심각한지를 봐야 합니다. 그립, 스탠스, 클럽페이스, 그립 포지션 등을 보면서 2차 병증을 확인해야 합니다. 공이 날아가는 방향을 보면서 직진성 슬라이스인지. 푸시성 슬라이스인지, 풀드 슬라이스인지를 확인해봐야 합니다.

❻ 치유 과정 설계

가장 중요한 것은 마음의 오작동으로 인한 병증을 먼저 치료하는 겁니다. 그리고 2차 병증을 치료하면서 방향성에 문제가 있다면 그것을 치유하면 됩니다.

❼ 클럽 점검

스윙의 문제를 교정하는 것과 더불어 꼭 클럽의 상태를 점검해야 합니다. 그 사람의 몸에 적합한 클럽인지, 그 사람의 스윙에 어울리는 클럽인지를 확인해야 합니다. 클럽으로 인해 슬라이스가 있을 수 있고, 클럽으로 인해 슬라이스가 더 강화되었을 수도 있습니다.

치유

슬라이스라는 병증에서 가장 치유하기 힘든 유형은 때리기가 주도하는 만성병입니다. 이런 경우는 시간이 오래 걸리고 치유되기도 힘듭니다. 때리기를 휘두르기 스윙으로 바꾸지 않고는 거의 치유가 힘듭니다.

때리기와 휘두르기의 차이를 설명하고 '소리 조절하기' 연습을 시킵니다. 템포 마스터로 먼저 1, 3, 5, 7, 9 소리 조절하기 연습을 시키고 잘되면 클럽으로도 시킵니다. 때리기와 휘두르기의 차이를 느끼고 알아차리도록 돕는 것이 핵심입니다.

❶ '소리를 결정하고 샷 하기' 훈련

1부터 7까지 몇 회 반복합니다. 이때 선생이 '나는 당신이 얼마나 멀리 똑바로 공을 보내는지 관심 없다. 그저 낼 소리를 결정하고 그 소리대로 샷을 하는지에만 관심이 있다'라는 것을 계속 강조해야 합니다. 멀리 보내겠다는 마음에서 멀어져야 하거든요. 이렇게 하다 보면 우선 소리 1로도 꽤 거리가 난다는 것에 놀랍니다. 소리 3 정도 되면 '내가 애를 써서 보내는 거리에 가깝네' 합니다. 소리 5 정도 되면 자신이 잘 쳐야 날아가는 거리를 갑니다. 그래서 때리기가 아니라 휘둘러야 멀리 보낼 수 있다는 새로운 경험을 하는 것이 무엇보다 중요합니다. 이때까지 슬라이스가 해결되지 않아도 상관없습니다. 소리를 결정하고 샷을 하는 연습이 어느 정도 되었다 싶으면 골프력 게임 중에 드라이버력 게임이나 아이언력 게임을 도전하세요. 스피드로 거리를 조절하도록 게임이 설계되어 있습니다. 게임 점수를 올리는 것에 집중하면 때리기 스윙이 상당히 호전됩니다.

❷ 로테이션 타이밍 훈련

직진착각이라는 마음의 오작동을 설명하고 로테이션 마스터로 급격한 로테이션을 경험하게 합니다. 또 클럽으로 수평 스윙 6시, 7시, 8시, 9시 로테이션 타이밍을 조절하는 연습을 합니다. 어느 정도 몸에 익었다 싶으면 소리를 3으로 고정해놓고, 6, 7, 8, 9시 로테이션 타이밍 연습을 돕습니다. '소리 3에 6시', '소리 3에 7시' 등 구호를 외쳐주고 소리가 더 높아지지 않도록 경계합니다. 소리 3에서 어느 정도 컨트롤이 된다 싶으면 소리 5에서도 같은 경험을 하도록 안내합니다.

❸ 타이밍 교정

②정도까지 하면 대부분 거리와 슬라이스의 문제가 해결됩니다만, 그래도 해결이 미흡하다 싶으면 '타이밍 착각' 때문이라 봐야 합니다. 로테이션 타이밍을 조절하는 중에도 공과는 스퀘어로 만나야 한다는 의지가 아직도 강하게 남아 있는 겁니다. 인식과 감각의 오류를 충분히 설명을 해주고 느끼면서 알아차리도록 인내심을 가지고 도와야 합니다.

어느 정도 샷에 대한 컨트롤 능력이 향상되면, 골프에서 필요한 샷은 똑바로 가는 샷이 아니라 왼쪽이 위험할 때 왼쪽으로는 절대 보내지 않는 능력, 오른쪽이 위험할 때 오른쪽으로는 절대 가지 않는 샷을 구사하는 능력이 필요함을 설명해줍니다. 물론 마음먹은 대로 모든 샷이 되는 것은 아니지만 확률적으로 공이 죽지 않을 가능성이 커지는 거죠. 골프력 게임 중에 방향력 게임을 자주 하면 효과가 빠르게 나타납니다. 그렇게 왼쪽이든 오른쪽이든 슬라이스의 문제가 어느 정도 가닥이 잡혔다 싶으면 오랜 세월 슬라이스를 막아보고자 해오다 악습이 된 많은 조치를 하나하나 고쳐야 합니다. 지금껏 해온 조치 없이도 공이 똑바로 간다는 믿음이 있어야 그 빗장을 풀 수 있습니다.

가장 먼저 그립을 교정하고, 클럽페이스를 바로 놓는 버릇을 들여야 하며 심한 핸드 퍼스트 자세도 바로잡아야 합니다. 처음에는 다들 두려워합니다. 이런 부분적인 요소들이 쉽게 고쳐지지 않거든요. 스윙의 미세한 느낌을 감당해왔던 부분이고 그것에 워낙 익숙해져 있어서 조금만 변화를 줘도 엄청 어색합니다. 결정적이지 않으면 그냥 두는 것도 방법입니다. 고치고 싶다면 서두르지 말고 하나하나 천천히 해결해야 합니다. 전체를 먼저 교정해놓고, 새로운 운동 경험을 통해 지금까지의 조치들이 얼마나 터무니없고 부질없는지를 우선 깊이 자각해야 합니다. 부분적인 오류들을 원상 복구를 해놓으면 또다시 구질이 변할 것입니다. 두려워 말고 단지 소리의 크기와 로테이션 타이밍이라는 요소만으로 구질을 컨트롤하는 훈련을 지속해야 합니다.

처방

병증의 구분	처방	비고
급성 슬라이스	치유 후 매일 로테이션 마스터, 템포 마스터 각 100번씩	1~2회 치유 레슨
만성 슬라이스	매일 템포 마스터 300번, 로테이션 마스터 200번 매일 연습 후 일주일 단위로 세 번 정도 치유 레슨 매일 연습 후 한 달에 한 번, 6개월 치유	4회 집중 치유 레슨 6개월간 관찰 치유 총 10회 레슨

훅 구질

● 아마추어가 훅 구질을 일부러 낸다는 것은 쉽지 않습니다. 그래서 아마추어들이 훅 병증이라 호소하는 것들 것 대부분은 사실 '가짜 훅'인 경우가 많습니다. 그럼에도 불구하고 훅성 구질을 내는 사람의 대부분은 슬라이스를 해결하려는 여러 노력이 만든 병일 확률이 높습니다. 슬라이스는 모자라서 생기는 병이고 훅은 넘쳐서 생기는 병입니다. 훅은 궤도 컨트롤도 잘되어야 하고, 상당히 과다한 손목 놀림을 전제해야 합니다. 자연스러운 스윙으로는 그런 과격한 손목 놀림, 그런 구질이 생성될 수 없습니다. 일부러 슬라이스를 만드는 것은 대부분 조금만 연습하면 쉽게 할 수 있습니다. 하지만 훅성 구질을 의도적으로 만들기는 쉽지 않습니다. 손목의 과도한 사용은 거리를 내기 위해 손목 스냅을 과다하게 움직이는 과정에서 생기는

현상입니다. 손목을 감각적으로 아주 잘 사용하는 거죠. 손목의 탄력을 잘 활용한다고나 할까요? 그래서 이런 사람들이 거리도 많이 냅니다. 야구를 해봤다든지 배드민턴이나 탁구를 꽤 친다든지 손목의 스냅을 사용해봤던 경험이 있는 사람이 많습니다. 훅 구질을 내는 사람은 나름 마음의 오작동을 넘어선 사람들입니다. 직진착각도 없고 때리기 동작도 상대적으로 적습니다. 그래서 발전 가능성이 크다고 볼 수 있습니다. 게다가 스윙 궤도도 인사이드로 잘 끌고 내려옵니다. 단지 상체 중심의 스윙일 가능성이 크고, 흔히들 처져서 들어온다고 표현하는 인사이드다운 스윙이 지나칠 가능성도 큽니다.

진단

❶ 일관성 확인

본인이 문제라고 하는 병증이 얼마나 일관되게 나오는지 확인해야 합니다. 그리고 어떤 상황에서 어떻게 발생하는지 물어야 합니다.

❷ 만성과 급성

오래된 병증인지 최근에 발생한 병증인지를 물어야 합니다.

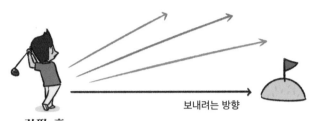

❸ 진짜 훅과 가짜 훅

가짜 훅
:훅이 아닌 방향성의 문제

보내려는 방향

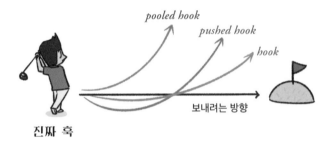

pooled hook

pushed hook

hook

보내려는 방향

진짜 훅

    진짜 훅성 구질인지, 가짜 훅인지 자세히 구별해야 합니다. 훅이 아니라 엎어 치거나 당겨 쳐서 공이 왼쪽으로 날아간 것을 훅이라 착각하는 경우가 많습니다. 왼쪽으로 날아간다고 다 훅은 아닙니다. 보통의 훅은 심한 인 아웃 궤도로부터도 나타납니다. 그럼 공을 감아칠 확률이 높습니다. 그러니 손목 스냅의 과다한 사용인지, 궤도의 문제인지를 구별해서 봐야 합니다. 물론 2가지 요소가 섞여 있는 경우도 많습니다. 이게 진짜 훅입니다. 하지만 이런 진짜 훅이 문제인 경우는 극히 적습니다. 오히려 상체를 많이 쓰면서 소위 엎어

친다는 샷이 아웃인 궤도로 들어오면 감아치는 샷이 되면 심한 훅이 되기도 합니다. 문제의 본질을 정확히 찾아야 합니다. 훅이 아닌 경우를 훅이라 보고 해결하면 안 됩니다.

❹ 볼 포지션 점검

볼 포지션을 지나치게 왼쪽으로 놓고 있어서 괜한 훅을 내는 경우도 허다합니다. 볼 위치의 조정만으로 훅이 해결되기도 합니다.

❺ 스윙 궤도의 점검

훅 대부분은 스윙 궤도가 지나치게 평평하다는 현상과 함께 나타납니다. 일반적으로 스윙 궤도가 서면 설수록 슬라이스의 확률이 높아지고 누우면 누울수록 훅의 확률이 커집니다. 스윙 궤도가 평평하면 골프 클럽의 특성상, 무게와 구조로 인해서 헤드의 로테이션이 훨씬 원활해질 수밖에 없습니다. 상체 중심의 스윙에서 흔히 보이는 현상이며, 몸은 수평 회전을 하고 팔은 상하운동을 하는 것인데, 몸과 팔 모두가 회전운동을 한다는 착각이 만든 스윙입니다.

❻ 그립 점검

아마추어들의 경우, 그립이 훅의 절대적인 원인이 되는 경우 많습니다. 지나친 훅 그립을 먼저 살펴야 합니다. 슬라이스를 방지하려는 조치였는데 그게 굳어져 버린 거겠지요. 셋업 상태에서 손의 위치도 굉장히 중요합니다. 너무 핸드 퍼스트 되어있으면 훅의 직접적인 원인이 됩니다.

❼ 클럽 점검

클럽이 훅을 만들어 내는 경우도 왕왕 있습니다. 초보용 드라이버 중에는 심하게 훅 페이스로 만들어진 것들이 많습니다. 아니 초보용 드라이버는 거의 훅 페이스로 만든다고 해도 과언이 아닙니다. 키가 작은 사람이 상대적으로 긴 클럽을 잡으면 헤드 끝이 들리겠죠? 헤드의 앞부분이 눈에 띌 정도로 들려있는 라이각이 훅을 만들기도 합니다. 지나치게 낭창거리는 클럽도 훅의 원인이 되니, 전문가에게 꼭 클럽을 점검하도록 의뢰해야 합니다.

치유

그립, 볼 포지션, 셋업 상태에서 손의 포지션, 스탠스 등 아주 기초적인 사항들과 클럽을 점검하는 것을 먼저 해야 합니다.

❶ 인 아웃 궤도에 손목 스냅이 과한 경우

인 아웃 궤도든, 낮게 처져 있는 궤도든 우선 궤도를 수정하는 것을 우선 과제로 봅니다. 궤도 연습기를 통해서 본인의 스윙 궤도가 그러하다는 것을 알아차리도록 돕습니다. 몸은 수평으로 회전하

되 팔이 같이 움직이는 것은 아니라는 것을 설명합니다. 궤도를 잡아놓고 어느 정도의 훅이 되는지 살펴봅니다. 대부분은 그 자체로 웬만큼은 쓸만한 구질이 됩니다. 손목의 과다한 사용과 스냅은 사실 상대적인 겁니다. 몸놀림과 손목 놀림의 밸런스가 안 맞는 거죠. 바디 턴 마스터로 온몸 스윙을 느끼게 돕습니다. 하체가 리드하는 몸놀림을 좀 더 연습시키고 보면 면 굳이 손목 놀림을 수정하지 않아도 쓸만한 샷이 됩니다. 손목의 스냅이 과한 경우는 대부분 오른손이 너무 과하게 작동하고 있습니다. 왼손과 왼팔의 역량을 강화하는 것도 방법입니다. 왼팔로 한쪽 팔 스윙을 시켜보고 그 느낌으로 들어와서 샷을 해봅니다.

❷ 아웃인 궤도에 상체를 많이 써서 생기는 훅의 경우

이 문제 역시 궤도를 먼저 잡아야 합니다. 스윙 궤도 연습기를 활용합니다. 궤도만 잡아도 훅 구질이 확 잡힐 것인데 그래도 남아 있다면 하체 주도형 스윙의 느낌을 바디 턴 마스터로 연습합니다. 마찬가지로 왼팔로 한쪽 팔 스윙을 연습하고 샷을 합니다.

어떤 구질의 샷이 문제라면 반대의 샷을 해보는 것도 굉장히 중요한 공부입니다. 왼쪽으로 굽은 철사를 펼 때 오른쪽으로 한번 심하게 꺾었다 놓으면 제자리로 돌아오는 것처럼요. 훅이 심한 사람에게 슬라이스를 의도적으로 내도록 해보는 것도 좋은 치유 방법입니다.

❸ 가짜 훅의 경우

대부분 슬라이스를 방지하기 위해 했던 조치들이 세월이 지나면서 훅으로 결과하는 경우가 사실 아마추어들이 보이는 훅입니다. 그립 포지션, 클럽페이스의 각도, 지나친 훅 그립 등등의 조치들을 원래의 모습으로 되돌려 놓고 보면 슬라이스가 나겠지요. 슬라이스가 나게 만들어 놓는 것이 중요합니다. 그럼 다시 슬라이스를 치유하는 과정으로 돌아가서 마음의 오작동들을 바로잡으면 됩니다.

처방

병증의 구분	처방	비고
가짜 훅	방향성을 치유하는 처방과 동일, 방향성 처방 참조	
슬라이스 치유 과정에서 과한 조치들이 만든 훅	슬라이스 처방 참조	1~2회 치유 레슨으로 대개는 회복됨 슬라이스로 가면 슬라이스 처방으로
급성 훅	1회 치유 레슨 후 스윙 가이드 설치하고, 바디 턴 마스터 하루 100회씩 꾸준히	1회 치유로 회복
만성 훅	왼팔로 한쪽 팔 가이드 설치하고 템포 마스터 200회, 바디 턴 마스터 100회 일주일 동안 매일 연습한 후 치유 레슨 2회 양팔로 템포 마스터, 바디 턴 마스터 각 100회씩 매일 한 달간 연습 후 치유 레슨 6회	10회 치유 레슨 6개월간 관찰 치유

비거리 늘리기

A)

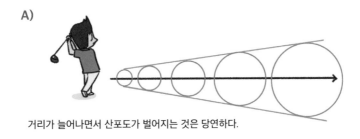

거리가 늘어나면서 산포도가 벌어지는 것은 당연하다.

B)

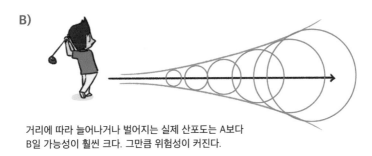

거리에 따라 늘어나거나 벌어지는 실제 산포도는 A보다
B일 가능성이 훨씬 크다. 그만큼 위험성이 커진다.

● 골프에서 비거리는 모두의 고민이자 로망입니다. 드라이버는
250m 정도 보냈으면 좋겠고, 7번 아이언은 150m 정도 날아갔으면

좋겠다는 거죠. 비거리는 기본적으로는 타고 나는 것입니다. 타고 난다는 것이 팔자소관이 아니라, 몸의 상태에 의해 규정되는 바가 크다는 의미입니다. 비거리는 지구력, 근력, 유연성에 의해 결정되는 것에 불과합니다. 그러니 거리를 늘리고 싶다면 몸의 총체적인 상태를 개선하는 것이 가장 근원적이고 효과적인 방법입니다.

비거리가 몸 상태의 문제라고 해서 그것 외에 논의할 것이 없냐 하면 그건 아닙니다. 몸이 허락하는 만큼도 충분한 거리를 내지 못하고 있는 사람이 많습니다. 기를 쓰고 용을 쓰는데 자신의 몸이 낼 수 있는 퍼포먼스를 충분히 내지 못한다는 거죠. 이것은 크게 몇 가지 경우로 나눠볼 수 있습니다. 첫 번째는 큰 근육을 사용하지 못하고 잔 근육을 많이 쓴다는 것인데 하체 주도형 스윙을 하지 못하고 상체 중심의 스윙을 하는 경우입니다. 두 번째는 휘두르지 못하고 때리기 스윙을 하는 경우입니다. 세 번째는 로테이션 동작이 원활하지 못한 경우입니다. 네 번째는 코킹과 릴리즈를 적절히 활용하지 못하는 경우고, 다섯 번째는 터는 타이밍에 대한 감각이 틀려서 스윙은 좋은데 거리가 안 나기도 합니다. 결론적으로는 클럽이 가지고 있는 물리적 특성을 충분히 활용하고 있지 못하다는 겁니다. 남자가 180~200m를 보내기는 쉽습니다. 정말 살살 쳐야만 가는 거리죠. 엉뚱한 데 힘을 쓰고, 에너지의 낭비가 심각한 상황이라서 거리 손실이 발생하는 것입니다. 제가 오른팔 하나로 스윙을 해도 180m

는 갑니다. 세상에 저의 팔 하나보다 힘이 없는 남자는 없습니다.

진단

❶ 몸 상태 점검

문진이나 간단한 테스트를 통해서 확인할 수 있습니다. 비거리 늘리기 프로그램은 어떤 조치를 하더라도 기초 운동을 통해 체력을 강화하는 노력과 병행해야 합니다. 특히 여성분들은 악력을 꼭 점검해야 합니다. 악력이 약하면 헤드 스피드를 낼 수 없습니다. 악력 강화만으로도 획기적인 성과를 내기도 합니다.

❷ 상체 주도형 스윙

상체 주도형 스윙은 대부분 상체의 움직임이 많습니다. 쉬이 눈에 들어옵니다. 스웨이도 그런 병증의 결과물이고, 당기고 미는 팔의 변화도 상체 주도형 스윙의 병폐 중 하나입니다. 상체 주도 스윙은 역 체중으로 나타나기도 합니다. 상체가 과하게 움직이니까 역작용으로 체중이 뒤로 빠지게 되는 것이죠.

❸ 때리기 스윙

때리기를 해서는 애초부터 거리의 한계를 갖는데, 그러다 보니 더 세게 때리려는 쪽으로 발전하게 됩니다. 때리기 스윙은 공이 있는 지점에서 스피드를 제로로 만드는 운동이다 보니 결국 피니쉬 동작이 잘 안 됩니다. 임팩트 지점을 지난 후의 동작이 물 흐르듯 가지 못하고 어색하거나 작위적인 모습이 보인다면 대부분 때리기를 하는 겁니다.

❹ 로테이션 동작

비거리에 대한 고민은 보통 슬라이스와 더불어 옵니다. 몸은 돌고 있는데 공에 이르러 스퀘어를 만들려고 하면 클럽이 열려있는 상태로 공과 클럽이 만나는 거죠. 백 스윙할 때 치킨 윙이 되거나 팔로우에서 치킨 윙이 되는 경우는 기본적으로 직진착각 때문에 로테이션 동작이 안 되는 거죠. 나름대로 로테이션이 잘되고 있는데 슬라이스가 나거나 비거리가 나지 않는 경우는 로테이션 타이밍의 문제라 봐야 합니다. 탁구에서 스핀으로 공격하는 커트볼을 치는 것과 강하게 꽂는 스매시를 비교해보세요. 커트볼을 치면 스핀은 더 많이 걸리겠지만 공이 뜨면서 힘없이 오른쪽으로 날아갑니다. 그래서 프로들은 일부러 페이드 샷을 치기도 합니다.

❺ 체중 이동

풀 스윙은 두 축 운동입니다. 축의 이동은 바로 체중 이동인 거죠. 스윙 전반에서 오고 감이 원활한지를 살펴봅니다.

❻ 물리적 데이터와 클럽 확인

볼 포지션, 탄도와 스핀량, 볼 스피드 등의 데이터를 통해 지금의 클럽이 적당한가를 꼭 확인해야 합니다. 탄도를 약간 높일 수 있도록 돕는 것만으로도 상당한 거리를 확보할 수 있고, 자신의 몸에 맞는 클럽으로 교체하는 것으로 획기적인 성과를 내기도 합니다.

치유

비거리를 내지 못하고 있는 여러 요소 중 무엇이 주된 요인인지를 빨리 진단해야 합니다. 전반적인 몸 상태의 문제인지, 때리기의 문제인지, 작은 근육을 사용하고 있는지, 몇 가지 요인이 복합적으로 나타나고 있는지, 2차 병증은 없는지를 살피고 충분히 이해할 수 있도록 설명해줘야 합니다. 공감하고 이해하는 과정이 치유의 과정이고 수술의 과정입니다. 때리기가 원인이라면 템포 마스터로 연습하다가 소리 내고 샷 하기 훈련을 시킵니다. 로테이션의 불완전이라면 로테이션 마스터로 느낌을 찾은 후 로테이션 타이밍을 결정하고 샷 하기 훈련을 시킵니다. 온몸 스윙을 못 하고 작은 근육을 사용하는 것이 이유라면 바디 턴 마스터로 빈 스윙한 후 클럽으로 샷을 해보도록 안내합니다. 체중의 이동이 문제라면 걸으면서 휘두르기와 샷을 하고 걷기 연습을 해봅니다. 임팩트가 부족하다 싶으면 임팩트 마스터를 몇 번 털고 샷을 하도록 합니다. 여러 이유가 섞여 있다면 우선순위를 정해서 몇 가지를 병행합니다.

처방

병증의 구분	처방	비고
체력의 문제	체력보강 숙제(등산, 자전거, 웨이트, 스트레칭 등)	6개월간 관찰 치유
샷의 문제	매일 템포 마스터, 로테이션 마스터, 바디 턴 마스터, 임팩트 마스터 각 100회씩 일주일 동안 진행 후 치유 레슨 일주일 단위 치유 레슨 4회 한 달 연습 후 치유 레슨 6회 및 꾸준한 리포트	10회 치유 레슨 6개월간 관찰 치유

방향성 잡기

방향성의 문제는 정확히 이야기하면 원하는 방향으로 공이 가지 않는다는 문제입니다. 이 문제 속에는 스윙의 문제도 있고, 제대로 서 있는가의 문제가 혼재되어 있습니다. 필드에서는 잘 쳤는데 잘못 서서 그렇게 된 것인지, 잘 섰는데 잘못 친 것인지 구별하기 힘듭니다.

타격의 문제는 상대적으로 쉽습니다. 원리를 이해하고 나면 누구나 연습을 통해서 질적인 향상을 경험할 수 있습니다. 그렇지만 제대로 서지 못하는 문제는 마음의 오작동과 연결되어 있습니다. 눈과 목표가 일직선에 있다면, 정면을 바라보면서 공을 보낼 방향을 결정한다면 문제는 발생하지 않습니다. 양궁 선수와 투수를 생각해 보면 쉽죠. 그런데 골프는 목표 방향과 평행으로 서게 되고 목표물

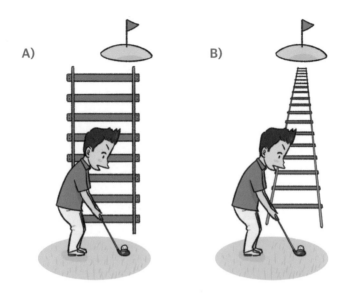

B처럼 인식해야 하는 데 A처럼 인식하는 것이 시편차의 원인이다.

과 클럽은 수직적인 관계를 형성하게 됩니다. 그래서 시각적인 어색함이 발생하는 겁니다. '이렇게 서서 이렇게 치면 목표한 쪽으로 날아갈 거야'라는 설계를 잘못한 경우가 많은 아마추어에게서 나타납니다. 그것을 '시편차'라고 이름했습니다. 그런 시편차를 인정하고 오조준을 하거나 훈련을 통해 시편차를 극복해야 합니다.

진단

❶ 일관성

열 개의 공을 쳐서 방향성의 오류가 얼마나 발생하는지 살펴봅니다. 레슨을 하기 전에 일관성을 확인하는 것은 현재의 병증을 서로 확인하고 그것이 치유나 처방을 통해 어느 정도 해결되는지를 가늠할 기준을 만든다는 측면에서도 굉장히 중요합니다. Before & After인 거죠. 서로의 기대수준을 확정한다는 의미이기도 합니다. 그리고 또 중요한 것은 '이것을 병증으로 봐야 할까?'라는 물음을 갖고 어느 정도의 문제인지 판단하는 것입니다.

❷ 산포 확인

열 개의 공을 치면서 일관성을 볼 때 볼이 떨어지는 탄착 지점이 얼마나 넓게 흩어져 있는가를 '산포도'라고 하는데, 이를 확인하는 것이 중요합니다. 좌든 우든 사람들은 자신의 실력에 비해 너무나 산포도를 좁게 설정해서 연습하고 실전에서도 자신의 실력 이상을 기대하며 플레이하는 경우가 허다합니다. 방향성이 문제라고 오는 환자의 대부분이 제가 보기에는 자신의 실력에 견주어 보면 전혀 문제가 되지 않는 경우가 많았습니다.

❸ 제대로 서지 못해서 문제인지, 샷 자체의 문제인지

연습장에서 목표를 바꿔가면서 샷을 시켜보면 금방 증세를 확인할 수 있습니다. 눈을 감고 샷을 시켜봐도 파악할 수 있고요. 야외에서 임의로 목표 방향을 향해 셋업을 해보라 하고 발과 무릎 선과 어깨선이 어디를 보고 있는지를 확인해보면 시편차를 확인할 수 있습니다. 시편차는 우리 눈의 불완전성으로부터 기인하는 현상입니다. 그리고 이런 셋업에 익숙하지 않은 결과인 거죠. 오래도록 연습을 하면서도 그 편차가 쉽게 극복되지 않는 이유는 연습 환경의 문제입니다. 타석에는 안내선들이 너무 많아요. 그것에 의존해서 목표 설정도 없이 그저 무심히 샷을 날리다 보니, 시편차를 느끼며 그것을 극복하려는 자발적 조치를 전혀 하지 않은 샷이 만들어져 버리는 것입니다. 시편차가 심하면 당겨치는 현상의 원인이 되기도 합니다. 어색하니까 잔 근육을 쓰게 되는 거죠. 뒤에서 보고 들어간 것과 실제 서서 바라보는 뷰의 차이, 그 차이가 주는 어색함이 분명 존재합니다. 그것을 극복하는 것이 골프의 중요한 과제이기도 합니다.

치유

❶ 제대로 서지 못하는 경우

본인이 제대로 서지 못했다는 것을 알아차리는 게 가장 우선 되어야 합니다. 뒤에서 보고 실제 타석에 들어서서 어떤지를 보고, 타석에 서서 목표를 향해 서고 방향을 잘 잡았는지를 확인하는 과정을 반복하면서 시편차의 존재를 목격합니다. 그 어색함이 바로 미스 샷의 원인이 될 수도 있습니다.

❷ 임시조치

어색함이 없도록 만들기는 시간과 노력이 꽤 드니, 시편차를 인정하고 오조준을 하는 쪽으로 우선 연습하는 것도 방법입니다.

❸ 안내선 극복

타석의 안내선들을 무시하고 다양하게 방향을 설정하여 목표를 설정하면서 그때마다 새로 가이드를 설정해줍니다. 레슨용 스틱 같은 것으로 해도 좋고, 클럽의 샤프트를 이용해도 좋습니다. 절대 잘못 서지 않았다는 확신을 가진 상태에서 샷을 시켜보는 거죠. 꾸준히 연습하면 시편차가 점점 극복됩니다. 이것은 혼자서 하기보다 선생이 도움을 주면서 하는 것이 훨씬 효과적입니다.

❹ 제대로 섰는데 샷의 방향이 의도한 방향과 달라지는 경우

로테이션 타이밍 조절 연습을 하고 볼의 위치를 변경하면서 샷을 해봅니다. 방향은 로테이션 타이밍과 볼 포지션의 조정으로 컨트롤 할 수 있다는 믿음과 확신을 주는 것이 중요합니다.

❺ 좌든 우든 경향성이 없이 불안정한 경우

스윙과 샷 자체의 불완전성에서 기인하는 것이니 반복 학습을 강조해야 합니다. 상체를 많이 쓰면 아무래도 왼쪽으로 갈 확률이 높고, 하체의 과도한 주도는 오른쪽으로 공이 밀려 나갈 우려가 큽니다.

처방

병증의 구분	처방	비고
시편차에 의한 방향성	목표를 정하고, 스윙 가이드로 방향을 잡은 후 목표를 의식하며 빈 스윙하기 드라이빙 레인지에서 매번 방향을 새로 서면서 샷 하기	1회 치유 레슨, 혼자 연습
자신의 산포도 측정	드라이빙 레인지나 스크린골프장에서 클럽별로 열 개의 샷을 해서 산포도 확인 후 인정하는 습관 들이기	1회 치유 레슨, 혼자 연습
훅, 슬라이스, 푸시, 풀	각각의 샷 치유 과정 참고	

탑핑

탑핑도 참 흔한 병입니다. 슬라이스나 혹은 연습장에서도 자주 나오는 현상이라서 거의 모든 사람이 자기 나름의 대비책을 마련해 놓고 있습니다. 또 이미 알고 있는 병증이라 실전에서 좀 더 과격한 슬라이스가 난다 하더라도 그리 큰 충격은 아닙니다. 탑핑은 연습장에서 그리 자주 생기는 병증도 아니고 자신이 탑핑 환자라 생각하는 사람도 많지 않습니다. 그렇지만 필드를 나가면 탑핑 땜에 죽겠다고 하는 사람이 너무 많죠. 필드에서 주로 발병하는 증세이다 보니 자신만의 대책이라 할 것도 특별히 없습니다. 그러니 필드에서 탑핑이 나오면 굉장히 당황스럽고 내상도 커서 소위 '멘탈붕괴' 상태가 됩니다. 그리고 탑핑을 조심하다 보면 더핑(뒤땅을 치는 샷)이 나옵니다. 그토록 많이 겪는 병증 임에도 불구하고, 그 병증을 해석하는 논리는 너무나 일천합니다.

헤드 업이 탑핑의 원인이라는 이야기를 가장 많이 하는데, 이는 공이 날아가는 것을 보느라 임팩트 순간까지 시선을 유지하지 못하고 벌떡 일어난 결과라는 해석입니다. 골프의 병증에 대한 해석 중 참으로 어이없는 것들이 많은데 이 '헤드 업'론은 그 중 단연 으뜸입니다. 사람은 운동에 관해 그리 어리석지 않습니다.

탑핑의 원인은 필드라는 상황에서 찾아야 합니다. 연습장과 다른 필드의 상황이 탑핑을 만들어 내는 것입니다. 연습장에서의 샷은 잘못 쳐도 얼마든지 다시 칠 수 있는 상황이기에 공에 대한 집중력이 현저히 낮습니다. 집중력이 낮다는 것은 시선의 처리가 대충이라는 의미이기도 합니다. 공을 정확히 적시지 않고 두리뭉실 보고 있는 샷을 하는 거죠. 그런데 필드를 나가면 모든 샷이 하나같이 중요합니다. 그러니 공에 엄청 집중하게 되고 심지어 시선을 놓치면 큰일 난다는 두려움에 사로잡히게 됩니다. 시선을 고정하다 보니 백스윙의 회전도 불완전하고 어색해집니다. 역설적이지만 집중과 시선의 고정에서 탑핑의 원인이 발생하는 겁니다. 이 절체절명의 순간, 사람들은 공의 어디를 볼까요? 공의 탑, 지구본으로 비유하자면 지구의 북극을 보게 되는 것입니다. 아니면 한반도쯤? 아시다시피 사람의 운동능력은 놀랍습니다. 젓가락으로 깨를 집는 정도죠. 그토록 많은 사람이 필드에서 정말 재현하기도 어려운 공의 '북극' 치기 놀이를 하는 것입니다. 제가 이 점에 어떻게 이렇게 확신을 가질 수 있게 되었는가 하면 정말 많은 실험을 해봤기 때문입니다. 콩 혹은 비비탄 몇 알만 있으면 탑핑의 문제를 현장에서 얼마든지 해결할 수 있습니다.

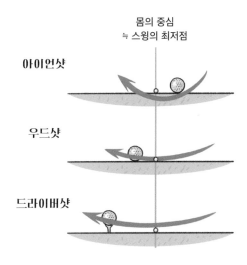

＊화살표 = 클럽의 궤적

탑핑의 다른 하나의 원인을 찾아보자면 작은 근육을 사용하여 '때리기'를 하는 경우입니다. 거리를 더 보내려는 욕구가 더 세게 때리려는 욕구가 되고 결국 팔에 과다한 힘을 주게 만듭니다. 힘이 들어간다는 것은 몸쪽으로 팔을 당기거나 위로 끌어올리게 되는 거죠. 그렇게 되면 공과 나의 거리에 변화가 오고 탑핑이 되어버립니다.

드물지만 공을 띄워야겠다는 잘못된 의도가 탑핑의 원인이 되기도 하고 공의 탄도에 대한 잘못된 상상이 탑핑을 만들기도 합니다.

진단

어떤 상황에서 탑핑이 발생하는지 꼼꼼히 문진합니다. 주로 파 3 숏 홀에서 그런 일이 자주 발생하고, 기대감이 높은 샷에서 그런 일이 빈발합니다. 짧게 잡고 세게 치려는 상황에서도 많이 발생하죠. 클럽을 길게 잡고 여유롭게 칠 때는 잘 발생하지 않는 겁니다. 또 대충 아무 데나 떨어져도 되는 세컨 샷에서도 흔치 않습니다. 시선의 문제인지, 팔을 당겨서 생기는 문제인지, 잘못된 이미지 탓인지를 살펴봅니다. 그런데 사실 연습장에서는 재현이 잘 안 됩니다. 잘못된 볼 포지션의 문제일 수도 있고, 여자분들에게서는 바닥을 치는 것에 대한 두려움이 문제로 많이 나타납니다. 또 공을 띄우려는 불순한 의도가 탑핑의 원인이기도 합니다.

치유

❶ 시선 처리의 문제

골프공 대신 비비탄으로 샷을 쳐 보라고 합니다. 모든 사람이 처음에는 어색해하지만 몇 번 해보면 골프공 부피의 1/300밖에 안 되는 비비탄도 잘 쳐냅니다. 치면서도 본인도 놀라워하죠. 비비탄 치기에 성공하면 이번에는 공과 비비탄을 함께 치는 연습을 시킵니다. 아이언은 공이 날아가는 방향 쪽으로 공 앞에 비비탄을 놓아줍니다. 우드는 공이 뒤쪽에 놓아줍니다. 그렇게 하면 신기할 정도로 쉽게 탑핑이 사라집니다.

❷ 팔 근육을 당겨서 생기는 탑핑, 세게 때리기 탑핑

사실 일부러 해보라고 하면 쉽게 재현되지 않습니다. 욕심의 산물이기에 그렇죠. 팔을 당기는 사람이라면 임팩트 마스터와 바디 턴 마스터로 '큰 근육으로 터는 느낌'을 익히는 것만이 근본적인 해결책이 될 것입니다. 그리고 스트라이크 보드나 나무 바닥 치기 연습을 먼저 한 후에 샷을 하면 꽤 효과가 있습니다.

❸ 공을 띄우려는 의도 혹은 잘못된 상상

샷을 칠 때 공을 띄우는 것은 내가 아니라 클럽이 하는 것이라고 강조합니다. 탄도에 대한 잘못된 상상은 7번 아이언이 실내에서 보통 어디쯤 맞는 것인지를 알려주고, 목표 지점을 찍어주며 맞혀보라고 하면 쉬이 고쳐집니다.

처방

병증의 구분	처방	비고
볼 포지션에 의한 탑핑	드라이빙 레인지에서 눈 감고 샷하기, 볼 포지션의 발견, 꾸준히 눈 감고 치기	1~2회 치유 레슨
팔을 당기는 탑핑	임팩트 마스터와 바디 턴 마스터 각 200회씩 매일하고 일주일 간격으로 2회 치유 레슨	1~2회 치유 레슨
두려움에 의한 탑핑	바닥치기 1회 치유 레슨	1~2회 치유 레슨
띄우려는 의도로 인한 탑핑	탄도 연습 1회 치유 레슨	1~2회 치유 레슨
시선처리로 인한 탑핑	임팩트 마스터 매일 300회씩 하고, 주 1회 드라이빙 레인지에서 발판 밟고 비비탄 치기, 비비탄과 공 함께 치기	1~2회 치유 레슨

더핑

● 더핑은 뒤땅 샷입니다. 연습장에서 매트 위에 공을 놓고 치는 사람들의 비애이기도 합니다. 연습장에서는 약간 공 뒤쪽에 클럽이 먼저 닿고 미끄러지듯 들어가면서 맞을 때 가장 타격감이 좋습니다. 그래서 일상적으로 뒤땅을 치는 듯한 느낌이 좋은 샷이라는 피드백을 받는 거죠. 처음부터 천연의 잔디에서 연습했다면 그런 비극은 상당히 줄어들었을 것입니다. 그런데 필드에서 나타나는 더핑은 심리적인 충격의 정도가 훨씬 심합니다. 연습장에서 약간의 뒤땅성 샷은 퍼포먼스 측면에서 90% 이상의 샷은 됩니다. 100m 보내려 했는데 90m를 가는 정도. 그런데 더핑 때문에 고민이라는 사람들의 상황은 그 정도가 아닙니다. 50~60%의 퍼포먼스도 안 나오는 샷이기에 문제인 겁니다. 이런 샷이 나오면 필드에서 소위 '멘붕 상태'가 됩

>> 공의 포지션은 스윙에 따라 달라질 수 있지만 대개 ①②③④⑤ 중 하나일 것이다. 자신의 고유한 스윙 최저점을 찾지 못하면 탑핑이나 더핑이 생길 가능성이 크다.

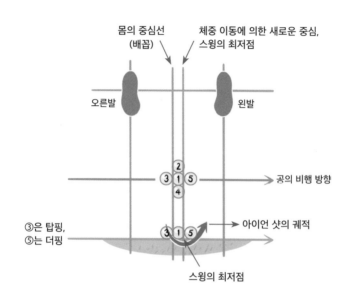

니다. 또 더핑이 두려워서 신경 쓰며 치면 탑핑이 되는 수가 있고요. 애초에 더핑이 나오기 쉬운 셋업 포지션의 문제일 수도 있습니다. 아마추어의 볼 포지션은 프로들의 포지션을 따라 하고 있습니다. 그렇게 배웠거든요. 프로들이 유연한 몸으로 충분히 체중 이동을 하는 전제로 설정한 볼 포지션을 몸의 상태도 체중의 이동도 충분치 않은 아마추어들이 형식만 흉내 내고 있는 겁니다. 그래서 보통은 볼 포지션이 너무 왼쪽으로 치우쳐 있습니다.

그런 문제가 아니라면 더핑의 원인은 팔로 클럽을 과격하게 밑으로 끌어내린 결과입니다. 스윙에서 수직적으로 작동하는 힘은 중력이 거의 전부인데 멀리 보내겠다는 의지로 클럽에 대해 수직적인 힘을 과도하게 쓰게 된 결과입니다. 정확하게 쳐야겠다고 의지를 불태우는 상황에서 더핑이 훨씬 더 많이 나옵니다. 그러니 롱 아이언보다 숏 아이언에서 이런 상황이 더 많이 연출됩니다.

탑핑과 마찬가지로 더핑도 연습장 병증이 아니라 필드 병증입니다. 연습장에서 공 뒤쪽 10cm를 치는 사람은 그리 흔치 않죠. '정교하게'라는 의식이 몸의 동작을 통제해버립니다. 몸의 움직임을 통제해버리면 쓸 수 있는 부분은 상체, 그중에서도 팔입니다. 몸은 움직이지 않고 팔을 확 끌어내리니 스윙의 최저점이 공보다 훨씬 뒤쪽을 맞히고 마는 겁니다.

진단

어떤 경우, 어떤 상황에서 발생하는 병증인지에 대한 문진이 중요합니다. 볼 포지션의 문제인가 체중 이동의 불완전으로 인한 문제인가를 확인해봅니다. 볼 포지션의 문제는 눈 감고 스윙을 시켜보면 쉽게 발견됩니다. 볼 위치를 달리해가며 샷을 해보면 어떤 위치가 자신에게 최적의 위치인지를 발견할 수 있습니다.

치유

　더핑이 나오는 상황에 대한 충분한 이해와 공감이 필요합니다. 늘 발생하는 것이 아니라, 특별한 상황에서 발생한다는 사실을 확인해야 하고, 주의를 기울이며 나름의 조치를 해야 함을 충분히 알고 있어야 합니다. 발생의 메커니즘을 체득하도록 일부러 뒤땅 샷을 쳐 보도록 합니다. 또한, 자신만의 볼 포지션을 발견하는 기회로 삼도록 해야 합니다. 볼 포지션은 발견하는 것이고, 상황과 조건에 따라 변한다는 것을 알려줘야 합니다. 이것은 더핑이 아니어도 중요한 사항입니다.

처방

병증의 구분	처방	비고
볼 포지션에 의한 더핑	드라이빙 레인지에서 위치 발견 연습, 발판 밟고 눈 감고 치기 연습, 주 1회	1회 치유 레슨
체중 이동 미흡으로 인한 더핑	발판 딛고 바디 턴 마스터 매일 100회, 임팩트 마스터 매일 200회	2회 치유 레슨
시선 처리로 인한 더핑	임팩트 마스터 매일 300번씩 하면서 드라이빙 레인지에서 발판 밟고 비비탄 치기 연습 주 1회	1~2회 치유 레슨

스웨이

● 꽃도 흔들리며 피고, 나무도 흔들리며 자랍니다. 빌딩도 흔들리지 않으면 부러지는걸요. 흔들림, 스웨이는 없을 수 없는데 너무 안움직이려 하는 것이 오히려 부자연스러운 움직임을 만들고, 결국 더과한 몸짓을 만들게 되는 건지도 모르겠습니다.

풀 스윙은 두 축 운동입니다. 더 멀리 보내겠다는 의지가 담긴모든 운동이 그러합니다. 그것을 인정해야 올바른 몸놀림이 만들어집니다. 축 운동 자체를 통제하려 하니까 역 체중이 걸리고 결과적으로 역동작을 하면서 상체의 움직임이 오히려 더 많아지는 겁니다.상체의 몸놀림이 많아지는 것은 대부분 하체가 주도하는 스윙이 아니라서 그렇습니다. 연습장에서야 그냥저냥 될지 모르지만, 필드라는 상황에서 욕망과 욕심이 무럭무럭 자라면 통제 불능 상태가 되는 겁니다.

스웨이는 상체 중심 스윙의 필연적 산물입니다. 스웨이의 또 다른 형태는 골반이 빠지는 현상입니다. 백 스윙을 하면서 골반이 밀려 나오는 거지요. 그런 사람은 대부분 '수직 착각'에 빠진 겁니다. 공과 무척 가까이 서는 현상도 더불어 나타나기도 합니다. 몸은 수평 회전에 가까운 운동을 하고 팔은 상하운동을 하면서 사선의 스윙 평면을 만들어 내는 것이 스윙인데 시선이 워낙 밑으로 향하고 있으니 몸이 수직 회전운동을 하려 드는 거죠.

처방

병증의 구분	처방	비고
스웨이	바디 턴 마스터 일일 100회 이상 일주일 연습 후 점검 수평 스윙연습 하루 300회 한 달간 연습 후, 드라이빙 레인지에서 수평 스윙 한 번 하고 샷 하기 주 1회	2회 치유 레슨, 1개월

치킨 윙

● 백 스윙할 때 오른팔이 닭 날개처럼 들리는 현상과 팔로우 과정에서 왼팔이 닭 날개처럼 들리는 현상을 치킨 윙이라 하죠. 그런데 이 동작이 일부러 해보려 하면 굉장히 어색하고 어려운 동작임을 알게 됩니다. 부자연스럽고 억지스럽죠. 그리고 치킨 윙이 문제라고 말하는 사람조차 빈 스윙을 해보라고 하면 치킨 윙이 나타나지 않습니다. 공 때문에 나타나는 현상이죠.

진단

이것은 100% 직진착각으로 인한 병입니다. 그것이 아니고는 왜 그렇게 이상스러운 동작을 하는 것인지 설명할 도리가 없습니다. 프로들의 경우는 페이드 샷을 칠
때 이와 유사한 동작을 의도적으
로 하기도 합니다. 이것을 막기
위해 팔을 묶어둔다든지 동작을
제한할 여러 조치를 하지만 마음
의 오작동을 설명하고 이해시키
지 않는 한 백약이 무효합니다.

치유

로테이션 마스터로 손과 팔이 회전하는 느낌을 충분히 전달한
후 클럽으로 로테이션을 경험하도록 돕습니다. 로테이션 타이밍을
조절하는 훈련을 하고 로테이션 타이밍을 결정한 후 샷 하기 훈련을
거듭합니다.

처방

병증의 구분	처방	비고
치킨 윙	로테이션 마스터 매일 300회씩 일주일 동안 연습 후 점검 로테이션 마스터 매일 200회씩 한 달 동안 연습 후 점검	2회 치유 레슨, 1개월

헤드 업

● 이런 병증이 실제로 있습니까? 벌떡 일어나는 동작이고, 샷을 하고 나서 날아가는 공이 보고 싶어 머리를 드는 건데…. 저는 레슨을 하면서 이런 병증을 거의 보지 못했습니다. 많은 프로가 탑핑의 이유로 헤드 업을 이야기하는데, 정말 엉뚱합니다. 사람은 운동에 그리 어리석지 않습니다. 정말 드물게 몸을 들고 일어나는 경우는 공을 띄우려는 의지가 작위적인 동작을 만들거나 수직적인 운동을 했을 때 몸이 들리는 정도입니다. 그것은 스크린골프나 실내 연습장에서 목표 지점을 찍어주고 연습을 시키면 감쪽같이 사라집니다.

다 좋습니다. 헤드 업이라는 병증이 있다고 칩시다. 그래서 뭐가 문제인 거죠? 헤드 업 자체를 고치려 할 것이 아니라 헤드 업으로 인해 탑핑이 생겼다면 탑핑을 해결하면 되고, 슬라이스나 훅이 났다면 그걸 해결하면 됩니다.

처방

각각의 병증에 해당하는 처방을 참고합니다.

잘못된 레슨으로 인한 병증들

● 레슨에서 가르치는 사람의 한마디가 아마추어들에게 치명적인 병증을 유발하는 경우를 자주 봅니다. 말 중심의 레슨은 기본적으로 반대하지만 그래도 말을 해야 한다면 레슨 프로는 '동사'를 잘 선택해야 합니다. 동사는 그냥 동사가 아니라 다양한 운동 정보나 운동 명령을 담고 있습니다. 기본 동사들은 마치 화학의 원소기호처럼 나눌 수 없지만 어떤 이미지를 내포하고 있습니다. 말로 더 설명할 수는 없어도 우리는 어떤 운동을 수행할 수 있습니다. '걷다'를 예로 들어볼까요? 왼발을 구르며 오른발을 들어 올림과 동시에 자연스럽게 오른

팔을… '걷다'를 말로 설명하기는 어렵지만 우리는 '걷다'에 해당하는 움직임, 운동을 수행할 수 있는 정보 혹은 이미지를 알고 있습니다. 골프 스윙도 그러합니다. 스윙 동작을 말로 설명하는 과정에 수많은 오류가 발생합니다.

❶ 그립을 살살 잡아라

그립의 세기에 관한 수많은 표현이 있습니다. 부드럽게, 살살, 달걀을 움켜쥐듯, 작을 새를 잡듯, 그러면서 한편으로 견고하게…. 참 어렵고 헷갈립니다. 그런 표현들의 결과 많은 아마추어가 그립을 헐렁하게 잡고, 손과 그립 사이에 공간을 둡니다.

그립 강도의 본질은 마찰력입니다. 좋은 그립은 마찰력을 극대화하면서 손목이 굳어지는 것을 방지해야 합니다. 그래서 어떻게 그립을 잡더라도 진공 상태(No air)를 만들어야 합니다. 선생과 수강생이 악수하면서 가벼운 정도로 시작해 조금씩 힘을 증가시켜가다 보면 손목이 굳어지는 지점이 느껴집니다. 바로 그 직전까지! 그것이 제가 지금까지 그립의 압력, 강도를 가르친 가장 좋은 표현이었습니다. 거기에 더해서 No air!

❷ 드라이버는 던지듯, 우드는 쓸 듯, 아이언은 찍듯

드라이버든 우드든 아이언이든 스윙은 한 가지입니다. 그런데 던지기, 쓸기, 찍기는 각각의 스윙이 다른 운동이라고 표현하는 겁니다. 그럼 전혀 다른 운동 정보가 몸에 전달됩니다. 그럼 롱 아이언은 쓸기에 가까운가요? 찍기에 가까운가요? 망치질을 예로 들어보겠습니다. 작은 망치로 하는 망치질과 큰 망치로 하는 망치질이 다른 운동인가요? 같은 운동이지만 결과적인 느낌이 다른 것이지요. 드라이버는 백 스윙을 뒤로 어떻게 빼고, 우드는 이렇게, 아이언은 저렇게⋯ 저는 드라이버 따로 우드 따로 아이언 따로 가르치지 않았습니다. 그런데 다들 잘합니다. 각각의 클럽이 길이와 무게가 다르기에 결과적으로 드는 느낌은 던지는 듯한 느낌이 들고, 쓰는 듯한 느낌이 드는 거죠. 드라이버는 야구 스윙처럼 평평한 궤도를 그리면서 바닥에 닿지 않고 휘두르니 던지는 느낌이 드는 것이고 우드는 바닥을 스치듯 지나가니 쓰는 느낌이 드는 겁니다. 아이언은 숏 아이언으로 갈수록 궤도가 가팔라지고 무게가 무거워지면서 스핀을 주기 위해 땅속으로 풍덩 들어갔다가 나오니 땅을 찍는 느낌이 드는 거죠. 결과적인 느낌이 그렇다고 그 운동을 하라고 하는 것은 잘못된 레슨인 겁니다.

❸ 머리를 고정하고 들지 마라

풀 스윙은 두 축 운동입니다. 생각해보세요. 멀리 보내야 하는 모든 운동이 그러합니다. 그런데 머리를 고정하라고요? 프로들의 몸놀림은 두 축 운동을 하면서도 거의 움직임이 없는 듯 상당히 절제되어 있거든요. 그것처럼 하라는 이야기고 단순화시켜 이야기하다 보니 머리를 고정하라고 이야기하는 거겠죠. 그런데 그 '머리 고정'이 생각이나 의식으로 되는 건가요? 줄넘기를 예로 들어봅시다. 초보자의 줄넘기는 몸의 움직임이 많습니다. 잘하는 사람의 줄넘기를 보면 움직임이 거의 없어 보입니다. 그런 절제된 동작은 어디서 오는 걸까요? 수없이 많은 반복으로부터 절제된 동작이 만들어진 겁니다. 세상의 모든 운동이 그러합니다. 무술에서도 절제된 동작이란 엄청난 반복의 결과물입니다. 그걸 생각으로 통제 가능하다고 이야기하는 것이 말이 됩니까? 그러니까 축을 고정하라는 말에 아마추어들은 그저 한 축 운동을 해야겠다고 결심해버립니다. 그 결과 거리가 안 납니다. 그 모양 그 상태의 스윙으로 거리를 더 내려니 용을 쓰게 되는 것이고 역 체중이 걸리는 이상스러운 몸짓을 하게 됩니다.

❹ 왼팔로 주도하라

스윙은 온몸으로 하는 겁니다. 어느 팔, 어느 손으로 하는 게 아니지요. 스윙하는 모습을 보면 좌측면이 리드합니다. 그리고 다른 운동과 달리 왼팔의 지렛대 역할이 돋보입니다. 그렇지만 스윙이 왼팔, 왼손 중심으로 하는 건 아니지요. 이런 레슨을 받은 사람들의 피니쉬를 보면 오른손을 헐렁하게 잡은 경우가 많습니다. 오른팔이 아무런 역할을 하지 않았다는 방증입니다. 골프 스윙을 가만히 보면 형태적으로는 언더스로로 던지는 투수의 모습과 유사합니다. 그런

투수가 오른손의 역할을 줄여버리면 어떻게 되는 거죠? 게다가 오른손잡이에게 말입니다. 기본적으로는 오른팔이든 왼팔이든 팔의 역할이 최소화된 스윙이 좋은 스윙이라고 저는 생각합니다. 팔과 상체의 수동적 상태! 그렇지만 지면 반력과 허리의 꼬임과 풀림에서 발생한 큰 에너지가 몸의 어떤 루트를 통해 클럽과 공으로 전달되는지 묻는다면 오른팔과 오른손 쪽이 에너지 흐름의 주된 경로입니다.

⑤ 팔을 펴라

백 스윙할 때는 왼팔을 펴고, 팔로우할 때 오른팔을 쭉 펴라고 이야기합니다. 공을 멀리 던지려 하면 할수록 사람들은 예비 동작에서 본능적으로 내 몸을 공으로부터 멀리 가져가려고 합니다. 멀리 던지라고 하는데, 몸을 공에 가까이 붙이고 던지는 사람 없습니다. 목표물을 가까운 곳에서 먼 곳으로 점차 늘려가다 보면 점점 더 멀리 가져갑니다. 사람이 알아서 할 것인데, 골프 스윙을 형태주의적으로 접근한 이상한 지적인 겁니다. 그리고 그걸 좀 덜 편다고 해서 보기를 하고 싱글을 하는 데 그다지 문제 될 것도 없습니다. 또 팔로우에서 오른팔은 펴라는 지적도 마찬가지입니다. 펴려는 의지로 펴지는 것이 아니라 임팩트 과정에서 클럽이 워낙 무거운 물건이 되기 때문에 팔이 저절로 펴지는 겁니다. 그 사람이 펴지 않는 어떤 동작을 하고 있다면 그것을 펴지 않는 것이 문제가 아니라 팔이 절로 펴질 만큼 클럽을 무거운 물건으로 만들지 못한 것이 더 근본적인 이유인 거죠. 그 문제를 해결하면 오른팔은 저절로 펴지는 겁니다.

⑥ 왼쪽 벽을 잘 만들자

스윙에서 왼쪽의 벽은 능동적 자세라기보다 방어적인 자세입니다. 고속카메라로 프로들이 하는 스윙을 가만히 보세요. 엄청나게 무거운 물건에 끌려가지 않으려는 저항이나 몸부림으로 보이지 않으세요? 그런 겁니다. 굉장한 헤드 스피드로 클럽을 휘두르면 클럽 헤드는 임팩트 존을 지나면서 어마어마한 무게의 물건이 됩니다. 그런데 왼쪽 다리가 버텨주지 않으면 끌려가거든요. 끌려가면 속도의 손실이 생기고 방향이 틀어져 버릴 것을 본능적으로 알기에 몸이 끌려가지 않으려고 극단적으로 버티는 동작이 바로 왼쪽의 벽입니다. 그리고 실제로도 원심력과 구심력의 균형으로 임팩트기 웨이트 플레이트에서 몸무게를 측정해보면 자신의 몸무게보다 적게 나옵니다. 그걸 의식적이고 의도적인 생각으로 만든다는 것이 얼마나 터무니없는 레슨인가요. 설혹 그런 동작을 수강생에게 익히게 해주고 싶다면 떨어져도 크게 다치지 않을 만한 절벽 끝에 왼발을 바짝 딛고 빈 스윙을 시켜보면 정말 확실하게 왼쪽 벽을 만듭니다. 클럽에 끌려가지 않으려는 몸부림이죠. 왼쪽 벽은 클럽의 무게가 증가하면서 생긴 몸의 반작용입니다. 그러니 왼쪽 벽이 만들어지지 않는다는 것은 그만한 무게의 물건으로 만들지 못하는 그의 스윙을 먼저 고쳐야지요. 무거워지면 어떤 형태로든 버티는 동작이 만들어집니다.

3장

효과적인 연습 방법론

잘못된 연습 철학과 방법론

● 잘못된 샷들은 어쩌면 잘못된 연습 철학, 방법론과 밀접하게 연관되어 있는지도 모릅니다. 잘못된 철학이 샷을 더 왜곡시키고 잘못된 연습방법들이 나쁜 습관을 더욱 강화했기 때문에 연습 무용론(無用論)이 하나의 철학으로 자리 잡았다고 봐야겠죠. 저는 처음 레슨을 시작하기 전 수강생들에게 각서를 하나 쓰도록 합니다.

〈각서〉

1. 비거리에 욕심을 부리지 않겠습니다.
2. 굿 샷을 추구하지 않겠습니다.
3. 똑바로 보내는 샷에 얽매이지 않겠습니다.

모든 아마추어 골퍼가 위의 이유로 레슨을 받으려 하는데 그런 것들을 추구하지 않겠다는 각서부터 받다니 의외인가요? 골프에서 어려운 것은 샷이 아니라 바로 골프를 바라보는 관점과 자신만의 철학을 세우는 것이고 저는 이 점을 강조하고 싶습니다. 골프에서의 거리는 꾸준한 노력과 체력으로 얻어지는 결과이지 억지로 안 되는 것입니다. 거리보다 스코어에 더 집중한 플레이를 익히고 거리는 차차 늘려가야 하죠. 골프는 굿 샷으로 즐기는 게임이 아니라 유효 샷으로 즐기는 게임을 틈만 나면 강조합니다. 유효 샷이란 본인이 목표로 하는 스코어를 만들어 내는 데 지장이 없는 샷입니다. 라운드하다 보면 잘 맞은 공은 아니지만 죽지는 않았고, 보기든 파든 노력하기에 따라서는 목표 스코어를 충분히 달성할 만한 샷이 많죠. 골프는 굿 샷이 아니라 그저 그런 샷 즉, 유효 샷으로 즐겨야 한다는 관점입니다. 필드에서 내 맘에 드는 굿 샷은 10%도 되지 않아요. 골프는 늘 자신의 의도를 배반하는 샷들과의 다툼이며 대화입니다. 거기다 똑바로 가는 공보다는 경향성이 또렷한 샷을 추구하는 것이 훨씬 골프를 편하게 해주면서 골프답다는 이야기를 하는 겁니다. 저는 라운드에서도 연습에서도 골프 전체를 바라보는 관점이 중요하다는 것을 가르치면 가르칠수록 더 많이 느낍니다.

연습은 연구다?

아마추어들이 연습하는 모습을 자세히 보면 연습은 하지 않고 연구에 몰입하고 있습니다. 똑바로 날아가는 공만을 정답이라고 정해놓고 그런 공이 나오지 않으면 끊임없이 셋업, 그립, 스탠스와 궤도를 바꿉니다. 스윙이 안정될 날이 없습니다. 설혹 자신이 원하는 샷이 만들어졌다 할지라도 고민 덩어리 스윙이 되기 일쑤입니다. 그런 연습은 결국 2차 병증을 만드는 과정일 뿐입니다. 똑바로 멀리 가는 샷 만이 정답이고 나머지 샷은 모두 문제가 있는 샷이라 생각하고 연습을 하다 보면 결국 문제투성이 샷을 날리는 문제투성이 골퍼가 됩니다. 연습장에서도 마음에 드는 샷은 별로 안 나오거든요. 그러니 필드에 가면 늘 자신감 없는 초라한 골퍼가 서 있게 되는 거고요.

똑바로 보내는 것만이 좋은 것이다?

실전의 골프에서는 그렇지 않습니다. 모든 샷이 소중한 샷입니다. 왼쪽으로도 오른쪽으로도 보낼 수 있는 능력이 있어야 똑바로 보내는 직진 샷도 가능한 것 아닌가요? 슬라이스도 칠 줄 알고 훅도 칠 줄 알아야 똑바로 보낼 수 있는 거죠. '똑바로'가 정의이고 나머지가 다 불의는 아니니까요. 절대 슬라이스를 내면 안 되는 홀에서 훅을 칠 수 있다는 것은 얼마나 큰 위안입니까. 사실 초보자도 요령을 조금만 알려주면 훅과 슬라이스 페이드와 드로우 구질을 만들어 냅니다. 마치 그것을 상급자들과 프로들의 전유물인 양 여기는 것이 오히려 문제입니다.

연습장에서 딱딱 일정한 거리를 보내면 실전에서도 될 것이다?

연습장에서 100m를 일정 범위 내에 딱딱 보낼 수 있는 것도 물론 중요하지만, 실전의 상황은 연습장과 전혀 다릅니다. 바닥도 평지가 아닌 경우가 더 많고, 타석에 안내선도 없습니다. 바람도 불고 목표가 높이 있기도, 낮게 있기도 합니다. 잔디에 놓인 공의 상태도 샷에 큰 영향을 줍니다. 게다가 더욱 다른 것은 연습장에서는 잘못쳐도 다시 치면 되지만, 필드에서는 모든 순간이 절체절명의 순간이라는 특수성입니다. 그러니 오히려 다양한 거리, 다양한 상황에서의 연습이 더 중요하지 않을까요? 결국, 골프란 암기한 것을 쏟아내는 게임이 아니라 매 샷 상황 적응 능력을 묻는 게임이거든요.

동작을 외우면 실전에서도 구현될 것이다?

영어 단어를 하나씩 외우면 암기가 잘되고 실전의 회화에서도 쉽게 쓰이던가요? 단어는 지식의 얼개 속에서 다른 무엇들과 관련되어 얽혀 기억될 때 더 생생하고 오래 기억되고 실제 활용도도 높아집니다. 그래서 단어 낱개로 기억하기보다는 숙어나 상황 속에서의 문장으로 기억할 때 살아있는 어학 공부가 됩니다. 골프도 마찬가지입니다. 기계적인 동작 몇 개를 외우는 것은 실전에서 전혀 활용 가치가 없습니다. 숏게임 연습을 할 때도 50m 샷을 100번 이상해서 확실히 50m를 보낼 수 있게 된 후 40m 샷을 100번, 그다음 30m 식으로 하는 것보다, 50m 샷을 열 개쯤 해서 대충 감을 잡으면 40m, 30m를 이해시키고, 그다음부터는 30m 한 번, 40m 한 번, 50m 한 번… 그렇게 90번을 연습시키는 것이 훨씬 학습효과가 뛰어납니다. 지식의 얼개를 만들어서 기억하듯 경험의 얼개를 만드는 것이 훨씬 효과가 큽니다. 매트에서 하기보다는 실제의 잔디에서 하는 경험이 더 다양하니 더 잘, 더 깊이, 더 오래도록 기억되겠죠. 실전에서의 스토리가 있는 시행착오는 더 할 것이고요. 비용과 시간을 아끼기 위해서는 연습장을 영리하게 이용해야 합니다.

여기 김헌의 행복골프 레슨에 쓰이는 핵심적인 연습방법 몇 가지를 소개합니다.

소리 조절 연습

● ① 우선 템포 마스터를 편하게 휘두를 수 있도록 연습합니다. 리듬과 템포 궤도가 안정될 때까지 기다립니다.

② 1은 거의 소리가 안 나는 정도, 3은 약간 소리가 들리는 정도, 5는 꽤 소리가 들리는 정도, 7은 큰 소리, 9는 죽기 살기로 내는 소리입니다. 템포 마스터로 1, 3, 5, 7, 9의 소리를 조절해보며 연습합니다. 처음에는 소리가 구별이 잘되지 않지만, 하루만 연습해도 상당히 구별되는 소리를 낼 수 있습니다.

③ 템포 마스터로 어느 정도 소리가 식별되면 클럽으로 해봅니다. 소리가 잘 들리는 드라이버나 우드로 먼저 하는 것이 좋습니다. 그다음 롱 아이언에서 숏 아이언 순으로 연습하세요. 짧아지고 무거워질수록 소리가 잘 안 들리기 때문입니다.

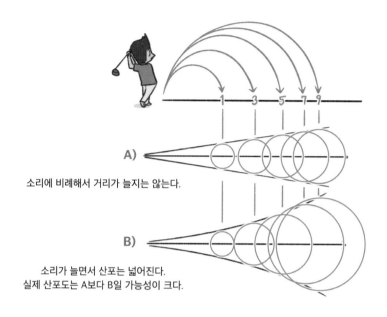

A)

소리에 비례해서 거리가 늘지는 않는다.

B)

소리가 늘면서 산포는 넓어진다.
실제 산포도는 A보다 B일 가능성이 크다.

스윙 연습에서나 실제 샷을 함에서 클럽으로 스피드를 컨트롤
할 수 있느냐 없느냐는 실력을 가늠해보는 척도이자 실력 향상으로
가는 지름길입니다. 아주 쉽지만, 필수적인 능력이고 경험입니다.

소리 결정하고 샷 하기

어느 클럽이든 나름 소리를 결정하고 휘두를 수 있는 능력이 생
겼다 싶으면 소리를 결정하고 샷 하기 훈련을 시작합니다.

① 소리 1로 빈 스윙을 하고 샷을 합니다.

② 소리 3을 결정하고 실제 샷을 합니다. 소리 5, 7, 9도 해봅니다.

이때 주의할 사항은 거리와 방향에 대해 생각하지 않도록 옆에서 끊임없이 주의 주고 주문처럼 소리쳐 줘야 합니다. '나는 당신의 거리, 방향은 신경 안 쓴다. 그저 결정한 소리대로 샷을 하고 있는지만 본다'라고 말입니다. 이 구호는 큰 의미가 있습니다. 거리와 방향에 대한 수강생의 의지와 욕심을 차단하는 효과가 있습니다. 무심하게 소리와 샷에 집중하고 결과를 보자는 제안인 거죠. 결과는 놀랍습니다. 잡념이 없어지고 산포가 일정해집니다.

이 연습을 해보면 먼저 소리 1로도 꽤 거리가 나간다는 것에 놀랍니다. 소리 3이면 '내가 힘줘서 치는 것만큼 가네' 합니다. 소리 5면 자신이 최대로 보낸 거리와 맞먹습니다. 소리 7이면 꽤 나가지만 소리 5에 비해 그렇게 많이 가지는 않는다는 것에 놀라면서 산포도가 넓어지는 것을 깨닫습니다. 9는 죽기 살기로 치는 것이기에 멀리는 가지만 정타가 잘 안 나온다는 사실을 공감합니다.

사람들은 멀리 보내려 합니다. 그것이 나쁜 것이 아니라 멀리 보내기가 힘껏 때리기로 치환될 때 비극이 생기는 겁니다. '멀리 보내기'는 '소리 높이기'임을 알고 경험하는 것이 무엇보다 중요합니다. 그래서 이 연습이 대단히 효과적이고, 중요합니다. 방향과 거리보다 결과를 관찰하는 습관을 들이고 혼자 연습하더라도 꼭 소리에 집중하도록 결과를 측정을 해오라고 과제를 주는 것이 좋습니다.

로테이션 타이밍 훈련

● ① 어깨높이 정도로 야구 스윙처럼 휘두르는 연습을 통해 손목의 변화 혹은 손바닥의 변화가 얼마가 급격하게 일어나는가를 충분히 경험합니다.

② 로테이션 마스터로 손바닥과 팔의 변화를 충분히 느끼고 알아차려야 합니다.

③ 공과 스퀘어가 되는 순간은 이론과 상상에만 존재할 뿐, 실은 찰나의 순간임을 설명합니다.

④ 로테이션의 느낌을 확실히 알게 되면 손바닥이 뒤집히는 지점을 정해줍니다.

⑤ 6시, 7시, 8시, 9시 위치에서 각각 로테이션 되는 느낌을 알려줍니다.

⑥ 그리고 로테이션 타이밍은 내가 의지로 할 수 있는 일이 아니라 스스로 의사 결정만 하면 몸이 알아서 하는 아주 단순한 일임을 설명합니다.

우리는 세상에서 가장 쉬운 일을 여반장(如反掌, 손바닥 뒤집기)이라 합니다. 힘의 작동이라 보기 어려울 정도의 에너지로 가능한 의지와 자각의 일일 뿐입니다. 그런데 그런 작용이 스윙과 샷에 미치는 영향은 참으로 지대합니다. 스윙과 샷에서 스피드를 조절하는 능력과 로테이션 타이밍을 조절하는 능력만 갖춰지면 거의 모든 구질과 방향을 선택할 수 있게 됩니다.

로테이션 타이밍 조절하면서 샷 하기

① 로테이션 타이밍 조절이 가능해지면 6시, 7시 등 위치별로 샷을 해봅니다.

② 소리를 3으로 결정해놓고 로테이션은 6시라는 느낌으로 빈 스윙을 하고 그대로 샷을 해봅니다.

③ 몇 번 반복하면서 어떤 거리, 어떤 방향, 어떤 구질의 샷이 되는지 관찰합니다.

④ 7시, 8시, 9시 로테이션으로 빈 스윙을 하고 샷을 해봅니다. 이때도 샷을 할 때는 구질, 방향, 거리를 모두 무시하고 오로지 로테

이션 타이밍에 집중하도록 돕습니다.

⑤ 소리 3 연습에서 구질과 방향의 변별력이 좀 생겼다 싶으면 소리를 5로 높여서 똑같은 방식으로 진행해봅니다. 소리 3이면 대개 6시 정도는 푸시 혹은 슬라이스, 7시 정도가 스트레이트, 8시는 풀드 샷 혹은 훅 성 구질, 9시는 심하게 왼쪽으로 가는 샷이 나오고, 소리 5가 되면 8시 정도에서 스트레이트 구질이 나올 겁니다. 물론 사람에 따라 다를 수 있으니 잘 관찰합니다.

이 연습을 하면 보통 방향과 구질을 선택할 수 있다는 깨달음에 놀랍니다. 그리고 완진한 컨트롤은 아니더라도 '슬라이스는 내지 말아야지'라는 의지가 어느 정도 가능하다는 것에 기뻐합니다. 이 간단한 연습으로 아마추어들은 수없이 괴로웠던 순간들로부터 해방감을 느낍니다. 소리가 올라갈수록 컨트롤이 어렵다는 것도 깨닫게 도와야 합니다. 혼자 연습할 때도 똑바로 멀리 가는 공을 연습할 것이 아니라 로테이션 타이밍을 조절하는 연습이 중요함을 강조해주세요. 실전의 골프는 공을 똑바로 보내는 것보다 어느 한쪽으로 치우치지 않는 구질을 만들 수 있는 능력을 요구합니다. 그런 전략적 선택 가능성은 골프를 흥미진진하게 만

들고 획기적인 실력 향상의 발판이 됩니다. 언제나 뜻대로 되지 않더라도 말이죠.

비비탄 치기

① 우선 클럽으로 골프공 대신 비비탄을 치게 합니다. 처음에는 잘 못하지만 불과 열 개를 치기 전에 익숙해지며, '내게 이렇게 작은 것을 치는 능력이 있었다니!' 하고 재미있고 신기해합니다.

② 그렇게 연습하면서 비비탄을 얼마든지 칠 수 있다는 것을 확인한 후에 비비탄과 공을 함께 칠 수 있도록 놓습니다. 아이언은 공 앞에, 우드는 공 뒤에 놓아줍니다. 비비탄의 위치는 골퍼 몸의 중앙에 가깝고 스윙의 최저점입니다.

③ 레슨을 마치고 비비탄 한 통씩 꼭 선물하세요. 탑핑, 더핑 방지약으로 평생 함께하면 도움이 됩니다. 단 먹으면 안 되는 것으로!

김헌의 행복골프 레슨에서 가장 획기적인 연습방법 제안 중 하나가 비비탄 치기입니다. 비비탄은 아이들의 총 놀이에 쓰는 플라스틱 총알입니다. 쉽게 구할 수 있고 저렴하면서도 연습의 효과는 정말 탁월합니다. 특히 탑핑이나 더핑 치료에 획기적인 효과를 발휘합니다. 탑핑이나 더핑은 과다한 욕구와 긴장으로 인한 작은 근육 쓰기가 근본적인 원인이기는 합니다만 시선 처리의 오류 또한 핵심 원인입니다. 저는 한 번도 헤드 업이라는 병을 따로 치료한 바가 없습니다, 거의 시선 처리의 오류로 해석하고 치료했지요. 시선 처리의 오류는 공의 탑, 공을 지구본에 비유하자면 눈앞의 북극을 치는 오류를 말합니다. 사람은 보는 곳을 치거든요.

눈 감고 샷 하기

● 공과 몸의 관계 설정은 참으로 중요합니다. 제대로 서서 치고 있는지를 보는 단순하지만 중요한 연습이 눈을 감고 공을 쳐보는 겁니다. 대부분은 교과서에 있는 혹은 프로들의 볼 포지션을 배웁니다. 그런데 본인의 스윙은 프로 수준이 아니니 늘 혼란스럽습니다. 모든 이의 스윙이 다르듯 볼 포지션도 모두 다릅니다. 전후좌우 볼 한 개 정도의 편차에 불과하겠지만 실전에서 영향은 지대합니다.

사람은 전혀 엉뚱한 곳에 공을 놓아도 칠 수 있습니다. 그렇지만 그렇게 친다는 것은 작위적으로 어떤 근육 특히 잔 근육의 활발한 활동이 전제되어야 합니다. 무의식적으로, 무념무상 상태로 치는 샷은 애당초 불가능합니다. 언제나 불편함을 깔고 있습니다. 큰 근육으로 무심하게 치는 샷이 되려면 정확한 볼 포지션의 발견이 중요합니다.

올바른 셋업은 눈 감고도 공을 칠 수 있는 위치선정입니다. 그렇게 발견해서 연습을 거듭하면 '에이 눈 감고도 쳤는데'라며 샷에 자신감이 생깁니다. 이는 모든 클럽에, 모든 샷에 적용할 수 있습니다. 심지어 퍼터까지도 말이죠. 지금 샷이 괜찮더라도 가끔 눈감고 치기를 통해서 볼 포지션을 점검해야 합니다.

랜덤하게 공 치기

● ① 수강생에게 빈 스윙 후 셋업하고 눈을 감고 샷을 치라고 합니다.

② 그때 수강생 앞에 공을 놓았다가, 치웠다가를 랜덤하게 반복합니다. 학생이 공이 없을 거라 믿을 때쯤 공을 놓고, 있으리라 생각할 때 치워버립니다.

이 연습법은 선생이나 도우미의 도움이 필요한 연습입니다. 소리를 결정하고 샷 하기나 로테이션 타이밍을 결정하고 샷 하기를 연습시킬 때 보조적인 연습방법으로 최고의 효과를 냅니다. 공과 무관하게 자기의 고유한 샷

했을 때 최고의 결과를 가져온다는 믿음을 키워주지요. 과한 힘을 주지 않아도 공이 멋지게 멀리 날아간다는 경험을 시켜줍니다. 완전히 새로운 경험으로 이제까지와는 다른 골프 라이프를 결심할 수 있도록 돕습니다.

아홉 개의 목표를 정해놓고
연습하기

● ① 자주 가는 드라이빙 레인지가 있다면 거리와 방향을 다양하게 하여 자신만의 목표를 아홉 개 정합니다.

② 그리고 상상으로 동심원을 만들고 점수를 부여합니다. 10점짜리 원, 9점짜리 원…. 돌아가면서 9홀을 도는 기분으로 한 샷 한 샷 신중하게 합니다.

③ 그날 점수의 합계를 내봅니다. 목표 점수가 안 되면 계속 도전합니다. 그 점수의 향상이 실력의 향상입니다.

미스 샷 세 번이면 클럽 바꾸기

● ① 자신이 연습장에서 치는 샷을 굿 샷, 유효 샷, 미스 샷 세 가지로 구분합니다.

② 연습하면서 미스 샷이 세 번 연속 나오면 무조건 클럽을 바꾸는 겁니다. 이렇게 약속해놓으면 전체 연습에서 미스 샷을 연습하는 시간이 현저히 줄어듭니다.

사람들은 착각합니다. 오늘 100분 연습을 했는데 80분 동안 미스 샷을 내면서 연구에 연구를 거듭한 결과 20분 정도 굿 샷을 낼 수 있게 되면 '그분이 오셨다'라고 좋아합니다. 그렇지만 그 사람은 굿 샷을 연습한 걸까요, 미스 샷을 연습한 걸까요? 머리는 어떨지 모르지만, 몸은 많은 시간을 들인 것을 기억하지 않을까요? 이 연습은 실패의 경험을 몸에 누적시키는 연습인 겁니다.

미스 샷 세 번으로 클럽을 바꿀 때는 지금 했던 것부터 거리가 있는 클럽으로 하는 게 좋습니다. 예를 들면 9번 아이언을 연습하다 교체 시기가 오면 8번이나 피팅으로 가는 것이 아니라 5번, 혹은 우드로 바꾸는 식으로 전혀 다른 느낌에 도전하는 것이 효과가 뛰어납니다.

노래하면서 샷 하기

● 스윙은 3/4, 6/8 박자 리듬 운동입니다. 왈츠와 같죠. 중약약, 강약약. 드라이빙 레인지에서 연습할 때 노래를 하면서 샷을 하면 스윙이 정말 리드미컬해지고 과격한 동작들이 눈 녹듯 사라지는 효과가 있습니다. 노래는 '에델바이스'를 추천합니다. 단, 속으로 하는 것이 아니라 자신의 귀에 들릴 만큼 소리를 내는 것이 좋습니다. 다른 사람에게 방해가 되지 않을 정도로 흥얼거리면서 샷을 하는 거죠. 속으로 하면 몸동작에 노래를 맞춰버리기 때문에 의미가 없습니다. 소리가 외부에서 들려야 소리에 몸동작을 맞추

게 됩니다. 그러니 좋은 음악을 틀어놓고 할 수 있다면 그것도 좋은 연습법입니다. 자신의 스윙 스피드에 맞는 음악이나 노래를 찾아보세요. 음악치료(뮤직 테라피) 연구에 따르면 음악과 함께한 기억은 정확하고 오래 남는다고 합니다.

이미지 트레이닝

● ① 평소 자신이 좋아하고 닮고 싶은 프로의 영상을 모바일에 저장합니다.

② 틈날 때마다 그것을 봅니다. 시간과 장소의 구애를 받지 않아 좋습니다.

③ 그냥 보는 것도 좋지만 효과를 높이려면 약 30초 정도 보다가 눈을 감고 그 스윙을 떠올립니다. 처음에는 잘 떠오르지 않지만 계속하다 보면 정말 선명하게 그 영상을 떠올릴 수 있습니다. 30초 보고 30초 떠올리기를 반복합니다. 10초 보고 10초 떠올리기도 좋습니다.

④ 단, 프로의 스윙을 보면서 부분의 모습을 떠올리고 분해하려 하면 안 됩니다. 스윙을 통째로 이미지로, 느낌으로 받아들이는 것

이 좋습니다. 그래야 프로와 똑같은 스윙이 만들어지는 것이 아니라 그 스윙이 내 몸으로 들어와 내 몸이 허락하는 최적화된 모습으로 자리 잡게 됩니다.

⑤ 공간이 허락한다면, 머릿속으로 떠올릴 때 실제 몸을 조금이라도 움직이는 것이 좋습니다. 풀 스윙을 다 따라 하는 것도 좋지만 조금이라도 꿈틀거릴 수 있으면 그렇게라도 하는 거죠. 리듬도 좋아지지만, 미약하게나마 실제 근육도 발달한다는 연구결과가 있습니다.

정말 바빠서 연습장에 갈 시간조차 없다면 이미지 트레이닝을 하라고 합니다. 바빠서가 아니어도 이미지 트레이닝은 정말 중요한 연습입니다.

인생은 깁니다. 그러나 아직도 많은 사람이 60세 패러다임으로 세상을 보고 있습니다. 이미 평균 수명이 80세를 훌쩍 넘어섰고 어쩌면 우리는 90세, 100세를 살아야 할지도 모르겠습니다. 그런데 이 사회의 시스템은 50대 후반이 되면 모두가 일선에서 물러나게 되어 있습니다. 사회적 분위기가 그러하니 은퇴라는 것이 딱히 없는 개인적인 일을 함에도 그때쯤이 2선으로 물러서는 때로 여깁니다.

　큰일 납니다. 20~30년 그 많은 시간을 어찌하려고요? 옛날에는 인생 2막을 준비해야 한다고 이야기했습니다만, 천만에요. 그렇게 생각하면 안 됩니다. 60세가 되면서 비로소 진짜 내 인생을 살기 시작한다고 생각해야 합니다. 20세까지는 부모의 팔자로 산 겁니다.

절대적으로 부모에게 의존한 삶이죠. 20세부터 60세까지는 결혼을 하고 자식을 낳고 부모를 봉양하는 여러 일들 속에서 삽니다. 내 자식이든 내가 누군가의 자식이든 그런 관계 속에서의 일들이 중심에 놓인 세월입니다. 먹고 살아야 하고 먹여 살려야 합니다. 내 몸 하나 간수 하기도 힘겨운데 책임져야 할 여러 사람이 있는 거죠. 잘했든 부족했든 60세가 넘으면 자식과도 부모와도 관계가 어느 정도 정리된 시점입니다. 이제 오롯이 나와 세상과의 관계만이 남습니다. 내가 좀 그럴듯하게 살면서 세상에 조금이나마 도움이 되는 일을 하면 되는 그런 세월이 시작되는 겁니다. 혼자의 삶을 생각해보면 먹고 쓰는 것도 그리 많이 필요하지도 않습니다. 부부의 인연도 사소한 일들로 아등바등하던 관계에서 '그런가 보다' 하는 덤덤한 친구처럼 되었을 시점입니다. 이 시점이 부족하든 풍성하든 어쩌면 진정으로 자신의 삶을 살아낼 시간인 겁니다. 여전히 자식 문제, 부모 문제, 형제들과의 문제, 부부간의 문제에 얽매여 있다면 어리석은 겁니다. 어쩔 수 없는 도리의 문제, 책임의 문제가 있다면 덤덤히 감당해야 하겠지만 웬만하면 다 내려놓고 오롯이 자신의 삶에 집중해야 할 시간입니다.

이 책을 읽고 있는 분들이 어느 정도의 나이일지 모르겠습니다. 하지만 그런 세월이 머지않아 여러분에게 다가온다는 것은 틀림없겠지요. 그런 세월을 염두에 두고 골프를 바라보면 어떻겠습니까?

그 세월을 지켜줄 취미로의 골프도 괜찮고요. 골프를 하나의 업으로 생각해봐도 아주 그럴듯하지 않습니까?

나이 든 사람은 젊은 사람들과 어울려야 합니다. 젊은 사람들도 어른이 필요하죠. 하지만 저는 어른들의 필요가 더 크다고 생각하는 편입니다. 젊은 사람들의 역동적인 활기와 에너지가 필요하고 그들의 풋풋함이 주는 신선한 자극이 필요합니다. 그렇지 않으면 그 많은 세월 "나 때는…"만 되뇌며 살게 될 겁니다. 새로운 문제, 새로운 기술, 새로운 도전… 이런 것들 속에 있으면서 함께 고민하고 배우지 않으면 육체보다 정신이 먼저 늙어버리는 겁니다. 젊은이들에게 내가 조금 더 잘하는 골프를 가르쳐주면서 그들의 문화와 고민을 배우는 기회를 누릴 수 있다면 얼마나 그림이 좋습니까? 게다가 조금씩 용돈도 벌어가면서.

나이 들면서 골프가 시들해지는 첫 번째 계기는 함께 할 친구들이 점점 사라진다는 겁니다. 힘이 빠지고, 거리도 줄고, 게다가 맨날 그렇고 그런 사람들과 골프를 하고 있기 때문입니다. 젊은이들과 함께 경쟁하고 부딪치면 거리가 그리 쉽게 줄지도 않고 스코어도 그렇게 쉽게 무너지지 않아요. 선생이 되면 함께 라운드하고 싶다는 제자들이 줄을 섭니다. 골프도 배우고 삶의 지혜도 배우고자 제자들이 찾아오는 거죠. 제자들이 보고 있으니 선생으로서의 긴장감을 놓칠 수 없습니다. 그래서 골프가 노쇠해지지 않아요.

골프 시장은 산업 구조적으로도 꽤 유의미한 상황이 형성되어 있습니다. 골프를 배우고자 하는 사람은 많은데 가르칠 선생이 없습니다. 고액의 의사들은 많은데 선생이 없습니다. 선생을 육성하고 공급하는 시스템도 없습니다. 일자리가 그만큼 많다는 의미입니다. 일자리는 많은데 일할 사람이 없는 형국입니다. 자신이 가르칠 의지와 자신만 있다면 일자리 걱정은 안 해도 된다는 뜻이죠. 그렇지만 준비된 자에게만 기회가 온다는 거, 다 아는 이야기죠? 이왕 골프를 하고 있다면 미루지 말고 지금 당장, 누군가를 가르치는 일을 시작하십시오. 그 자체로 자신의 골프를 가다듬는 일이고, 실력을 키우는 지름길입니다. 게다가 그것이 자신의 미래를 담보하는 일이기도 하다면 왜 망설입니까? 한 손에는 『골프 교본』을 들고 다른 한 손에는 이 책, 교육 지침서를 들고 가르치면 됩니다. 제 이야기에 모두 동의할 필요도 없고, 그대로 할 필요도 없습니다. 보완해서 쓰거나 마음에 안 들면 자신만의 교재와 교안을 만들어 가면 됩니다. 세상의 모든 완성된 교본은 그렇게 만들어진 겁니다.

저는 여러분들이 자신감을 가지고 '골프 교육을 완성하는 대열'에 합류하시기를 간절히 바랍니다. 그것이 제가 꿈꾸는 '가르치는 자가 배우고 배우는 자가 가르치는', '앞선 자가 뒤처진 자를 가르치고,

뒤따르는 자가 앞선 자를 돕는' 행복한 골프 생태계입니다. 골프장, 골프공, 클럽, 옷 등 골프에 관한 모든 것을 함께 생산하고 더불어 나누는 '행복골프 생태계'를 향한 긴 여정을 여러분을 초대합니다.

2023년 1월
행복골프훈련소에서
김헌

99타여 100타를 가르치라

초판 1쇄 인쇄 2023년 1월 10일
초판 1쇄 발행 2023년 1월 17일

지은이 김헌
펴낸이 김선식

경영총괄 김은영
콘텐츠사업7팀장 김민정 **콘텐츠사업7팀** 김단비, 권예경
편집관리팀 조세현, 백설희 **저작권팀** 한승빈, 김재원, 이슬
마케팅본부장 권장규 **마케팅1팀** 최혜령, 오서영
미디어홍보본부장 정명찬 **홍보팀** 안지혜, 김민정, 오수미, 송현석
뉴미디어팀 허지호, 박지수, 임유나, 홍수경 **디자인파트** 김은지, 이소영
재무관리팀 하미선, 윤이경, 김재경, 안혜선, 이보람
인사총무팀 강미숙, 김혜진
제작관리팀 박상민, 최완규, 이지우, 김소영, 김진경, 양지환
물류관리팀 김형기, 김선진, 한유현, 민주홍, 전태환, 전태연, 양문현, 최창우
외부스태프 편집 퍼블루션 디자인 날마다작업실 일러스트 오동진

펴낸곳 다산북스 **출판등록** 2005년 12월 23일 제313-2005-00277호
주소 경기도 파주시 회동길 490 다산북스 파주사옥
전화 02-702-1724 **팩스** 02-703-2219 **이메일** dasanbooks@dasanbooks.com
종이 IPP **인쇄** 북토리 **코팅·후가공** 제이오엘앤피 **제본** 다온바인텍

ISBN 979-11-306-9662-1 (04690)
(세트) 979-11-306-8094-1 (04690)

다산북스(DASANBOOKS)는 독자 여러분의 책에 관한 아이디어와 원고 투고를 기쁜 마음으로 기다리고 있습니다.
책 출간을 원하는 아이디어가 있으신 분은 다산북스 홈페이지 '투고 원고'란으로 간단한 개요와 취지, 연락처 등을 보내주세요.
머뭇거리지 말고 문을 두드리세요.